SCHREIB'S AUF!

ALAN SEATON

Thomas Nelson & Sons Ltd
Nelson House
Mayfield Road
Walton-on-Thames
Surrey KT12 5PL
United Kingdom

© Alan Seaton 1999

The right of Alan Seaton to be identified as the author of this work has been asserted by him in accordance with the Copyright, Design and Patents Act 1988

First published by Thomas Nelson and Sons Ltd 1999

ISBN 0-17-440184-1
NPN 9 8 7 6 5 4 3 2 1
03 02 01 00 99

All rights reserved. No part of this publication may be reproduced, copied or transmitted in any form or by any means, electronic or mechanical, including photocopy, recording, or any information storage and retrieval system, without permission in writing from the Copyright Licensing Authority Ltd,
90 Tottenham Court Road, London W1P 9HE

Printed in the UK by TJ International Ltd

Acknowledgements
Commissioning and development: Clive Bell
Editorial: Michael Spencer
Language consultants: Ulli Neuhoff and Marion Dill
Cover Design: Eleanor Fisher
Design: Goodfellow & Egan Publishing Management Ltd
Marketing: Michael Vawdrey
Production: Gina Mance

Contents

Introduction – 4
Useful phrases – 6

1 Everyday activities
Area of Experience A – 10

Foundation Tier

1. School timetable – 10
2. Languages day – 10
3. School uniform – 11
4. My school – 11
5. Eating survey – 12
6. Healthy living – 12
7. Where does it hurt? – 13
8. What's wrong? – 13
9. Furniture and furnishings – 14
10. Partner's house – 14
11. Media survey – 15
12. Birthdays – 16

Overlap
(Foundation/Higher Tier)

13. School and lessons – 16
14. Get well soon – 17
15. Moving house – 18

Higher Tier

16. School systems – 19
17. A disastrous school day – 20
18. Problem page – 21

2 Personal and social life
Area of Experience B – 22

Foundation Tier

1. Family tree – 22
2. Christmas presents – 22
3. Penfriend registration – 23
4. For sale – 24
5. Pets – 25
6. A new pet – 25
7. Sports – 26
8. About yourself – 26
9. Diary – 27
10. A day out – 28
11. Helping at home – 29
12. Pocket money – 29

Overlap
(Foundation/Higher Tier)

13. Exchange partners – 30
14. Sad news – 31
15. Going to town – 32

Higher Tier

16. A famous person – 33
17. Then and now – 34
18. Project work – 35

3 The world around us
Area of Experience C – 36

Foundation Tier

1. In town – 36
2. Visitor information – 36
3. Weather – 37
4. Carnival time – 37
5. Street signs – 38
6. Directions – 38
7. Department store – 39
8. Winter sales – 39
9. Shopping lists – 40
10. Message – 40
11. Transport – 41
12. Crossing town – 41

Overlap
(Foundation/Higher Tier)

13. A new house – 42
14. Invitation – 43
15. Visiting Germany – 44
16. Left behind – 45

Higher Tier

17. Accident report – 46
18. Town and country – 47
19. Festival time – 48
20. A disastrous journey – 49

4 The world of work
Area of Experience D – 50

Foundation Tier

1. Job ads – 50
2. Kinds of work – 50
3. Job application – 51
4. Future plans – 51

Overlap
(Foundation/Higher Tier)

5. School and future – 52
6. Summer job – 53

Higher Tier

7. Restaurant work – 54
8. What's my line? – 55

5 The international world
Area of Experience E – 56

Foundation Tier

1. Countries – 56
2. Advertising poster – 56
3. Holiday snaps – 57
4. Holiday postcards – 57
5. Packing – 58
6. Lost property – 58
7. On holiday – 59
8. In a youth hostel – 59

Overlap
(Foundation/Higher Tier)

9. Favourite recipes – 60
10. Hotel reservation – 61
11. A disastrous holiday – 62
12. Europe quiz – 63

Higher Tier

13. Booking a youth hostel – 64
14. Booking a campsite – 65
15. Confirming a booking – 66
16. How was the holiday? – 67

Vocabulary by topic – 68
English–German wordlist – 75

Introduction

1 About the Writing Test

- This book is designed to help you to do the best you can in the writing part of your GCSE exam.
- The Writing Test is worth 25% of your total exam mark.
- Whether you are entered for Foundation or Higher Tier, the number of words you write is not important, provided you complete the tasks set.

2 About this book

- Each unit deals with one of the Areas of Experience (A–E) as listed in your syllabus.
- The tasks practised are similar to the ones you will be asked to do in your exam. Mostly these are short lists, postcards, letters, posters, articles etc. Occasionally, however, you will find new tasks (faxes, e-mails, information leaflets etc.) to add variety.
- If you are entered for Foundation Tier, you will need to practise the tasks under the headings Foundation Tier and Overlap (Foundation/Higher Tier). The Foundation Tier Writing Test lasts 40 minutes.
- If you are entered for Higher Tier, you will need to concentrate on the tasks under the headings Overlap (Foundation/Higher Tier) and Higher Tier. The Higher Tier Writing Test lasts 60 minutes.

3 How to use this book

Each unit follows a recognizable pattern:

- information about the topics covered in each Area of Experience
- an example ▶ in which a sample question is worked out with **Tips** on what to look out for, and when necessary a CHECKLIST suggesting how to approach each task and improve the overall outcome
- one or more tasks !, designed to offer you the chance to practise similar tasks to the one in the example, and appropriate to each of the tiers (Foundation, Overlap and Higher).
- at the bottom of each page there is a box entitled HILFE which gives you help in constructing useful phrases for the tasks set. Where you see the symbol ▷ , this is a reference to the vocabulary by topic or useful phrases.

Vocabulary by topic

Vocabulary is listed by topic on pages 68–75. Here the vocabulary is not listed alphabetically, but in small groups of words of a similar kind. Make a habit of copying a few at a time into your vocabulary book and learning them.

English–German wordlist

If you are working on one of the tasks and don't know how to say something in German, there is an alphabetical list of words from English–German on pages 76–80.

Useful phrases

On pages 6–9 you will find useful phrases to help you do the following:

- write openings and endings for letters, postcards, faxes, e-mails
- send greetings and apologies
- make invitations and suggestions
- send regrets and acceptances
- make requests
- make complaints
- add enclosures

4 How to prepare for the exam

- Make sure that you know which elements of the exam you have been entered for.
- Practise the writing tasks appropriate to your level from each unit of the book. But remember that in the exam, the tasks you will have to do may include topics from more than one of the five different Areas of Experience.
- As you do each task, collect vocabulary in a notebook. Write down words which are useful and important to you. This way you will soon end up with a personalized vocabulary – much easier to remember!
- The examples ▶ are to give you an idea of what to aim for in each task, and to present a variety of structures and vocabulary in German. The best thing is to use them as skeletons onto which you can hang your own ideas, experiences and opinions. The more personal you make your piece of writing, the easier it will be to learn from what you have written.

5 A checklist for the exam

Finally, when you see the exam paper in front of you, take a moment before you start to write to ask yourself a few simple questions. That way you will be clear about what you have to do.

- What sort of task have I been asked to write?
    - a list?
    - a postcard?
    - an advertisement?
    - a poster?
    - a leaflet?
    - a questionnaire?
    - a letter?
    - a report?
    - an article?
    - a dialogue?
    - a plot for a soap opera?

- Do I have to use
    - single words?
    - short phrases?
    - longer sentences?

- Who am I writing to?
    - a friend?
    - an adult?
    - a complete stranger?
    - more than one person?

- What topic areas will I cover?

- Do I have to …
    - refer to past, present or future events?
    - provide information?
    - ask for information?
    - give my opinions?
    - give reasons?
    - make suggestions?

Quick reference guide

Area of Experience	Which topic area do you want to practise?
Foundation / **Overlap** / **Higher**	Which level is right for you?
▶	worked example
✏	practice task similar to the example
Tips	points to look out for
CHECKLIST	how to approach each task
HILFE	help in constructing useful phrases
▷ A1	reference to the vocabulary by topic at the back of the book
▷ p6	reference to the useful phrases at the front of the book

Introduction

Useful phrases

Letters, postcards, e-mails and faxes

Conventions for addressing and setting out forms of written communication still vary widely, especially where many people are still adapting to new technology such as fax and e-mail. But the main thing is to decide whether or not you are writing in a formal or informal capacity. In other words, are you writing to someone you know reasonably well about a private matter, or is the person you are addressing really the representative of a larger organization?

Informal

> Newcastle-upon-Tyne, den 12. Februar
>
> Lieber Jochen,

- use *du, dich, dir, dein, deine* etc.

> London, 12. 12. 99
>
> Liebe Birgit, Lieber Franz,

- use *ihr, euch, euer, eure* etc.

> Cardiff, den 12. November
>
> Hallo, Gabi!

- use *du, dich, dir, dein, deine* etc.

Formal

> To: Heinrich von Plato
> Phone: +43 42 563567
> Fax: +43 42 564567
> From: Simon Baker
> Phone: +44 191 281 5309
> Fax: +44 191 281 5309
> Date: Donnerstag, den 24. Mai
>
> Lieber Herr von Plato,

- use *Sie, Ihnen, Ihr, Ihre* etc.

> From: maworth@interlynx.co.uk
> Date: 15. April
> To: m.schilling@gratisnet.de
> Subject: Ferientätigkeit
>
> Sehr geehrte Frau Schilling,

- use *Sie, Ihnen, Ihr, Ihre* etc.

> Lincoln, den 23. Dezember
>
> Sehr geehrter Herr,

- use *Sie, Ihnen, Ihr, Ihre* etc.

> Edinburgh, den 10. Mai
>
> Sehr geehrte Damen und Herren!

- use *Sie, Ihnen, Ihr, Ihre* etc.

Starting letters, faxes or e-mails

Vielen Dank Herzlichen Dank Ich bedanke mich	für	deinen Ihren	Brief	vom 19. August	, den	heute gestern vor drei Tagen	erhalten bekommen	habe.
		dein Ihr	Fax		, das ich			
Ich danke	dir Ihnen	deine Ihre	E-Mail		, die			

Ich habe mich sehr über	deine Postkarte deinen Brief deine E-Mail dein Fax deinen Telefonanruf	gefreut.

Es freut mich sehr	einen neuen Brieffreund eine neue Brieffreundin	in Österreich in Deutschland in der Schweiz	zu haben.

Ich habe deine	Adresse E-Mail-Adresse Faxnummer	von meiner Lehrerin meinem Lehrer	bekommen.

Wie gehts	dir euch Ihnen	und	deiner eurer Ihrer	Familie?

Hoffentlich gehts	dir Ihnen deiner Schwester deinem Opa	wieder gut. jetzt besser.

Greetings

Herzlichen Glückwunsch Alles Gute	zum Geburtstag!

Frohe Fröhliche	Weihnachten	und	ein glückliches neues Jahr! einen guten Rutsch ins neue Jahr! viel Glück im neuen Jahr!

Frohe Ostern!

Viel	Spaß! Glück! Vergnügen!

Gute	Reise! Fahrt! Besserung!

Apologies

Es tut mir Leid, Entschuldige bitte, Entschuldigt bitte,	dass ich	so lange zu deinem Geburtstag	nicht geschrieben habe.
	dass ich euch	zu Weihnachten diesen Sommer	nicht besuchen kann.

Invitations and Suggestions

Hast du Hättest du	Lust	die Sommerferien bei uns zu verbringen? eine Radtour zu machen?

Möchtest du Möchtet ihr	die Herbstferien bei uns verbringen? eine Wanderung machen?

Du könntest Wir könnten	mit dem Bus fahren. in der Jugendherberge übernachten.

Wäre es vielleicht möglich	ein paar Tage im Schwarzwald zu verbringen? den Dom zu besichtigen?

Wie wärs	mit Freitag? zu Ostern? am Wochenende? mit 20 Uhr?

Regrets and Acceptance

Es tut mir Leid, Ich bedaure es sehr, Nimm es mir nicht übel,	aber	ich muss leider am Samstag arbeiten. ich kann leider deine Einladung nicht annehmen.

Wie schade, Ein Pech,	dass	du dir das Bein gebrochen hast. wir uns dieses Jahr nicht sehen.

Leider	muss ich zu Hause bleiben. kann ich erst nächste Woche fahren.

Es wäre	toll eine tolle Idee einfach Klasse	die Sommerferien bei euch	zu verbringen.
Ich würde mich freuen Es würde Spaß machen		eine Woche in Deutschland	

Requests

Wäre es bitte möglich ... ?
Ich möchte gern wissen, ob ...
Es wäre sehr hilfreich, wenn ...
Ich wäre Ihnen sehr dankbar, wenn ...
Könnten Sie bitte ... ?

Sag mal, ...
Erzähl mal, ...
Frag mal, ...
Schreib mal, ...
Beschreib mal, ...

Complaints

Ich muss Ihnen leider mitteilen, dass ...

Mit dem Zimmer Mit Ihrer Erklärung	war ich gar nicht	zufrieden. einverstanden.

Ihr Hotel Ihr Campingplatz	hat meinen Erwartungen leider nicht entsprochen.

Ich werde mich leider gezwungen sehen ...

8 Useful phrases

Enclosures (informal)

Ich schicke dir	ein Bild von meiner Familie.	
Ich lege dir	eine Computerdatei	bei.

Enclosures (formal)

| Als Anlage Beiliegend | erhalten Sie | einen | adressierten frankierten | Umschlag. |
| | | einen internationalen Antwortschein. das ausgefüllte Formular. | | |

Endings (informal)

Lass bald von dir hören!   Schreib bald wieder!

Bis	bald! Freitag! nächste Woche!

Liebe Viele Schöne Herzliche	Grüße.

Liebe Grüße auch an	deine	Familie. Mutter. Schwester.
	deinen	Vater. Bruder.
	deine	Eltern. Großeltern.

Tschüs/Tschüß

Dein Deine	(Name)

Euer Eure	(Name)

Endings (formal)

Ich würde mich auf eine baldige	Bestätigung Antwort	freuen.

Ich würde mich freuen bald von Ihnen zu hören.

Ich danke Ihnen im Voraus für	Ihr Entgegenkommen. Ihre Mühe.

Mit	freundlichen Grüßen, freundlichem Gruß,

Ihr Ihre	(Name)

1 Everyday activities

Area of Experience A The topics covered in this unit are:
- School
- Home life
- Media
- Health and fitness
- Food

1 School timetable

▶ Your penfriend is going to visit your school. In German add four more subjects to this timetable of lessons he/she might like to see.

	1	2	3
Montag	Englisch ❶	Sport	Mathe ❷
Dienstag	Religion ❸	Französisch	Biologie ❶

CHECKLIST
✓ Write four items in German.
✓ Write the names of school subjects.

Tips
❶ Don't use subjects already given.
❷ Be careful to check spellings when both languages have similar words. ▷ A1
❸ Don't use abbreviations which do not exist in German (e.g. PE, CDT or RS). It is safer to write each subject out in full. Remember, your aim is to write something which a German person will understand without difficulty or ambiguity.

✎ Now you complete the timetable with four different subjects.

2 Languages day

You have been asked to design a poster in German for the Languages Open Day at your school.

Du musst folgende Informationen auf Deutsch geben.
- Sag, wie dein Deutschlehrer heißt.
- Sag, in welcher Klasse du bist.
- Sag, seit wann du Deutsch lernst.
- Sag, wo die Partnerschule in Deutschland ist.
- Sag, wann der Schulaustausch stattfindet.
- Sag, wie du Deutsch findest.

CHECKLIST
✓ Write six pieces of information.
✓ Write in German.
✓ Use short sentences.

DEUTSCH - ja, bitte!

Mein Lehrer heißt Herr Murphy. ❶
Ich bin in der elften Klasse.
Ich lerne seit zwei Jahren Deutsch. ❷
Die Partnerschule ist in Hamburg. ❸
Der Schulaustausch ist im März. ❹
Deutsch ist toll! ❺

Tips
❶ Use *mein* or *unser* to make your work more personal.
❷ Remember, **present tense** with *seit* = I have been ~ing for …
❸ Use the German given in the question as much as possible. You could also write *Unsere Partnerschule* …
❹ You could also say 'next week' or 'in the summer holidays'.
❺ Give an opinion ▷ B7 or make a comparison.

✎ Now you design the poster, giving similar information of your own.

HILFE

Mein/Unser Lehrer heißt Herr …
Meine/Unsere Lehrerin heißt Frau …

| Ich bin in der | zehnten (10.) elften (11.) | Klasse. | ▷ A2 |

| Ich | lerne spiele | seit | einem Jahr Weihnachten | Deutsch. Tennis. |

| Im März. Im Juli. | ▷ B1 | Deutsch Mathe | ist | toll. schwer. | ▷ B7 |

| Deutsch | ist | besser wichtiger interessanter | als | Musik. Französisch. Biologie. |

▷ A1

Foundation Tier

3 School uniform

▶ Your German penfriend has written to you asking about your school uniform. He/She asks you to send a list of three items of clothing you must wear and two items you must not wear in the classroom. Add four more details to the list. One has been done for you.

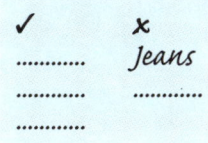

Tips
- You don't have to use **adjectives** of colour – just one word will do.
- Some items of clothing are plural (e.g. gloves, socks). ▷ C7

✏ Try making up other lists of words to do with school and school life, e.g. four things you might find in the classroom or in your schoolbag. Use the vocabulary section or a dictionary to help.

4 My school

▶ You have been asked to design a poster about your school for display in your exchange school in Austria.

Du musst folgende Informationen auf Deutsch geben.
- *Sag, wie deine Schule heißt.*
- *Sag, wo deine Schule ist.*
- *Sag, wie groß die Schule ist.*
- *Sag, welche Fremdsprachen man lernen kann.*
- *Sag, welchen Sport man machen kann.*
- *Beschreib deine Uniform.*
- *Sag, wie du die Uniform findest.*

Das ist meine Schule!

Meine Schule heißt King James High School.
Meine Schule ist in Nordengland. ❶
Es gibt rund 1200 Schüler und Schülerinnen. ❷
Man kann Deutsch, Französisch und Spanisch lernen. ❸
Man kann Fußball, Hockey oder Basketball spielen. ❹
Unsere Uniform ist grün. ❺
Ich finde die Uniform nicht schlecht. ❻

Tips
❶ You could say in which part of the country or where in the town.
❷ You could give the number of pupils (*Es gibt …*) or just say roughly how big (*sehr groß, relativ klein*).
❸ Use the words given to help you (*Man kann … und … lernen*).
❹ Just one sport will do. Don't forget to choose an appropriate verb (e.g. *spielen*).
❺ Keep it short – one detail will do.
❻ Give an opinion. ▷ B7

✏ Now you design a poster giving the required information about your school.

HILFE

Meine Schule heißt …

| Meine Schule ist | in Nordengland.
in der Nähe von Leeds.
in der Stadtmitte.
am Stadtrand. | ▷ C5 |

| Es gibt | ungefähr
etwa
rund | 1200 Schüler/Schülerinnen. |

| Man kann | Deutsch/Spanisch
Basketball/Hockey | lernen.
spielen. | ▷ A1 |

| Unsere
Meine | Uniform ist | grün.
blau. | ▷ B6 |

| Ich trage | eine Jacke.
eine Krawatte. | ▷ C7 |

| Ich finde | die Uniform
die Krawatte
die Jacke | gut.
schrecklich.
nicht schlecht. | ▷ B7 |

unit one 11

Foundation Tier

5 Eating survey

▶ Your penfriend is doing a survey on what Britons like to eat. Add four more items in German to this list.

Hähnchen
Toast ❶ ✓
Frankfurter ❷ ✗
Pom Fritz ❸ ✗
Orangensaft ❹ ✗

CHECKLIST

✓ Write four items in German.
✓ They must be things to eat NOT drink.
✓ Spelling must be unambiguous.
✓ All nouns begin with a capital letter in German.

Tips

❶ Toast is fine – it's a German word too.
❷ Even though it looks like something to eat, this really means 'a person from Frankfurt'!
❸ Poor spelling might be confusing to a German person.
❹ Not something to eat!
● Check on things to eat and drink. ▷ A7–11

A Now you complete the list so as to score full marks with four different items. Try to use words which would clearly be understood by a German with no knowledge of English.

Hähnchen
....
....
....
....

B You are going on a cycling trip for the weekend with your penfriend. Add four more items in German to this shopping list of things to bring to eat or drink.

Schokolade
....
....
....
....

C Try making more specific lists of things to eat and drink, e.g. fruits, vegetables, things that are bad for you, ingredients for a favourite recipe, food you would want to have on your desert island. Use the vocabulary section or a dictionary to help you.

6 Healthy living

▶ Whilst on holiday in Germany you are attempting to do one healthy thing each day. You plan a programme in German in your diary.

CHECKLIST

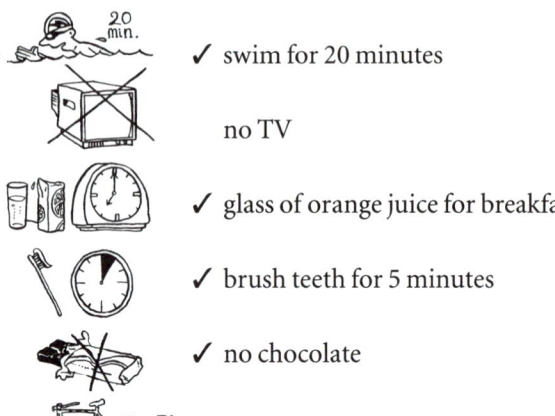

✓ swim for 20 minutes

no TV

✓ glass of orange juice for breakfast

✓ brush teeth for 5 minutes

✓ no chocolate

✓ cycle for 30 minutes

AUGUST

6.	Montag	*Schwimmen: 20 Minuten* ❶
7.	Dienstag	*kein Fernsehen* ❷
8.	Mittwoch	*ein Glas Orangensaft zum Frühstück* ❸
9.	Donnerstag	*5 Minuten Zähneputzen* ❹
10.	Freitag	*heute keine Schokolade* ❷
11.	Samstag	*Fahrradtour: 30 Minuten* ❺

Tips

❶ You don't need the word 'for' in German.
❷ *Kein* goes like *ein* before **nouns**.
❸ Note how to say 'for breakfast'. ▷ A5
❹ Remember you can make **verbs** into **nouns**: *putzen* ▷ *das Putzen*.
❺ Short phrases can be very effective in a diary – try to use a noun rather than a verb phrase.

▶ Now you think of another five healthy things to add to your own diary page.

HILFE

keinen Kaffee (m)
keine Schokolade (f)
kein Fernsehen (n)

zum	Frühstück
	Mittagessen
	Abendessen/Abendbrot ▷ A5

Everyday activities

Foundation Tier

7 Where does it hurt?

▶ Imagine you had to explain to someone in German which part of you was hurting. See if you can label the following parts of the body. One of them is done for you.

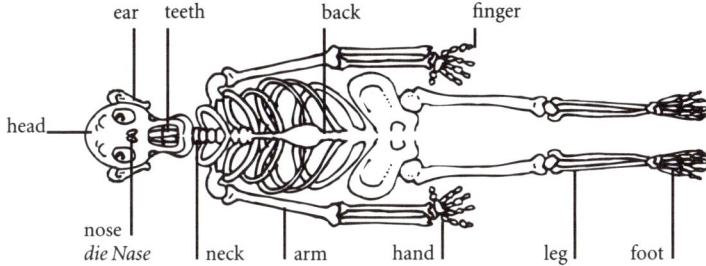

ear   teeth   back   finger
head
nose
die Nase   neck   arm   hand   leg   foot

8 What's wrong?

▶ You had arranged to meet your penfriend after school to go shopping. But you have to go home early because of illness. You decide to leave him/her a message.

Du musst folgende Informationen auf Deutsch schreiben.
- *Sag, dass du nach Hause fahren musst.*
- *Sag, wie viel Uhr es ist.*
- *Sag, wann du nach Hause fährst.*
- *Sag, wie du nach Hause fährst.*
- *Sag, wie du dich fühlst.*
- *Sag, was mit dir los ist.*

Hallo, Frank!

Ich muss nach Hause fahren.

Es ist 13 Uhr. ❶

Ich fahre in 10 Minuten ❷ *mit der Straßenbahn.* ❸   ❹

Mir ist schlecht ❺ *– ich habe Bauch- und Halsschmerzen.* ❻

Bis bald,

James

Tips

❶ Use *es ist* + 24 hour clock **not** am or pm.
❷ Give a time or use a time phrase (*sofort, in 10 Minuten, nach der Pause*).
❸ Use *mit* + means of transport or *zu Fuß gehen*.
❹ Notice how you can put two pieces of information in one sentence. The word order should be Time, Manner, Place (When? How? Where?).
❺ Remember to use *mir ist ...* **not** *ich bin ...* (e.g. *schlecht, kalt, schwindlig*).
❻ Keep it simple! You could use *ich habe ~schmerzen* or *mir tut der ... weh*.

✎ Write a similar message for your exchange partner based on this information.

HILFE

Ich muss	nach Hause ins Krankenhaus	gehen. fahren.

Es ist	13 Uhr. 14.30 Uhr. halb drei.

Mit	der Straßenbahn. dem Bus.
▷ C3

Mir Ihm Ihr	ist	schlecht. kalt. warm.
▷ B4

Ich habe Er hat Sie hat	Halsschmerzen. Bauchschmerzen.
▷ A13

Mir tut Ihm Ihr	der Hals der Bauch	weh.
▷ A15

unit one 13

Foundation Tier

9 Furniture and furnishings

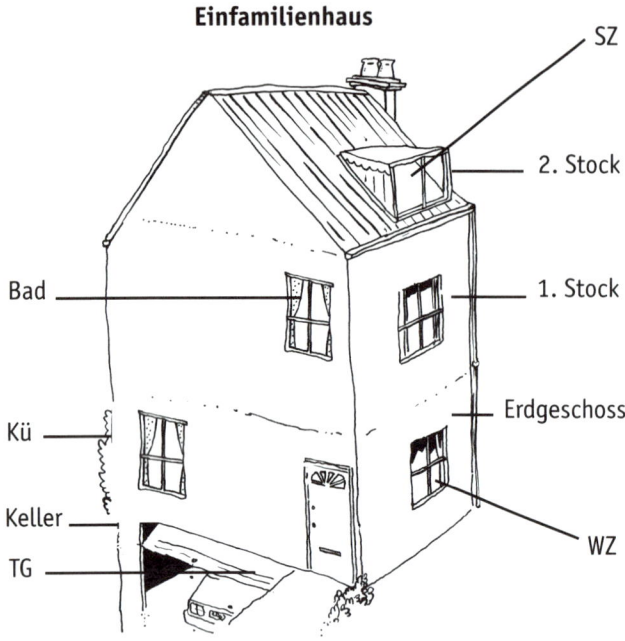

Einfamilienhaus

Labels: SZ, 2. Stock, Bad, 1. Stock, Kü, Erdgeschoss, Keller, WZ, TG

3ZW – Dreizimmerwohnung	**EZ** – Esszimmer
2SZ – zwei Schlafzimmer	**WZ** – Wohnzimmer
Bad – Badezimmer	**Kü** – Küche
mit ZH – mit Zentralheizung	**TG** – Tiefgarage

A Make lists of some of the items of furniture and furnishings you would expect to find in the different rooms of a house. ▷ A4

SCHLAFZIMMER	KÜCHE	WOHNZIMMER	ESS
Bett			
Kleiderschrank			

B Make a list of features your dream house might have.

10 Partner's house

▶ You are staying with your exchange partner in Germany and as part of your project you have to write a few details about the house you are staying in.

Du musst folgende Informationen auf Deutsch geben.
- Sag, wo das Haus ist.
- Sag, wie groß das Haus ist.
- Beschreib dein Schlafzimmer.
- Sag, wo dein Schlafzimmer ist.
- Sag, was du ganz toll findest.
- Sag, was du nicht so gut findest.

Viele Grüße aus Tübingen!
Das Haus ist in der Altstadt. ❶
Das Haus ist sehr groß und hat drei Schlafzimmer. ❷
Mein Schlafzimmer hat einen Tisch und ein Regal. ❸
Mein Schlafzimmer ist im zweiten Stock. ❹
Das Haus ist über 400 Jahre alt. ❺
Es ist sehr kalt. ❻

Tips
❶ It could be the district, the street or you could say what it is near to.
❷ You could say what type of house or how many bedrooms or just give an idea of its size.
❸ A short description involving perhaps colours, contents, size, character or position.
❹ Just choose any floor – use the **dative case** after *in*.
❺ What aspect of the house might be interesting or unusual (age, the swimming pool, the view etc.)?
❻ What aspect of the house or your room are you not so keen on (cold, noisy, small etc.)?

✎ Now you write similar information about this house.

HILFE

Das Haus Die Wohnung	ist	außerhalb der Stadt. in der Kohlstraße. am Marktplatz. ▷ C5

Es ist ein	Einfamilienhaus Zweifamilienhaus	mit	drei Schlafzimmern. Garten. ▷ A3

Mein Zimmer Die Küche	ist	oben im ersten Stock. unten im Erdgeschoss. ▷ A3

	ist	klein/laut/kalt. blau gestrichen.
Mein Zimmer	hat	einen Tisch. eine Kommode. ein Sofabett. ▷ A4
		blaue Wände. gelbe Vorhänge.

Everyday activities

Foundation Tier

11 Media survey

A Your penfriend is doing a survey of young people's interest in the media in Germany and Britain. You find this pie-chart in a magazine. Choose any four items and write them in German with the appropriate percentage.

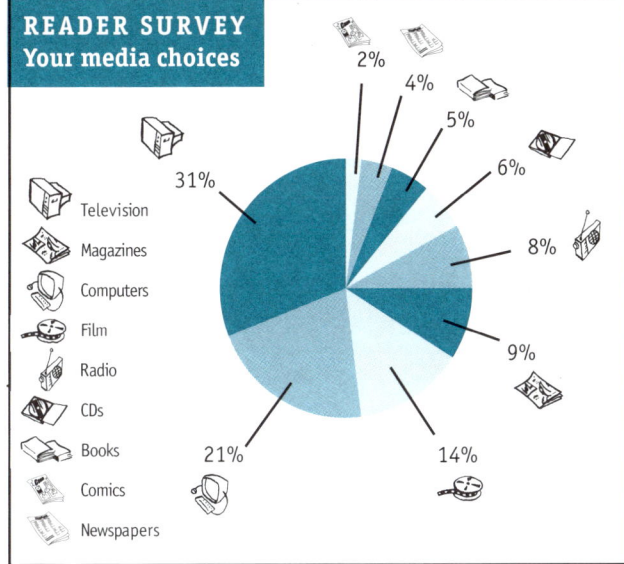

READER SURVEY
Your media choices

Television — 31%
Magazines —
Computers —
Film —
Radio —
CDs —
Books — 21%
Comics —
Newspapers —

2%, 4%, 5%, 6%, 8%, 9%, 14%

z. B.   Zeitschriften - 9%

B Your exchange partner is doing a project on British TV and has asked you to help. In German add to the list four more types of programme you watch on TV and give an example of each in the right-hand column. ▷ B14

z. B.   Nachrichten   Newsround

12 Birthdays

Alles Gute zum Geburtstag!

▶ You have just received a German magazine and birthday card from your German penfriend. You write a card to thank him/her.

Du musst Folgendes auf Deutsch schreiben.
- Schreib deine Reaktion auf das Geschenk und die Geburtstagskarte.
- Sag, wie alt du jetzt bist.
- Sag, welche Zeitschriften du gern liest.
- Sag, wie oft du eine Zeitschrift kaufst.
- Frag, ob dein Brieffreund eine Zeitschrift auf Englisch möchte.

> *Liebe Anke,*
> ❶ *danke für die schöne Geburtstagskarte und das Geschenk. Die Zeitschrift ist klasse!* ❶ *Ich bin jetzt 16 Jahre alt. Ich lese gern Zeitschriften über* ❷ *Mode und Popmusik. Ich kaufe jede Woche* ❸ *eine Zeitschrift.* ❹ *Möchtest du eine Zeitschrift auf Englisch?*

Tips
❶ Your reaction could include a thank you ▷ p6 and an opinion. ▷ B7
❷ You could give the name of a magazine or say 'magazines about …'.
❸ Use a frequency phrase such as *jeden Monat*. ▷ B2
❹ Make a question beginning with *Möchtest du …?* or ask a question beginning with *Soll ich …?*

▶ Now you write to thank your penfriend for a birthday card and present.

HILFE

danke schön / vielen Dank / ich bedanke mich	für	die Geburtstagskarte. / das Geburtstagsgeschenk.

Die Zeitschrift / Das Buch	ist / finde ich	klasse. / geil. ▷ B7

Ich lese gern	Zeitschriften über Mode/Popmusik. / Bücher von Terry Pratchett. / Bücher über die Natur.

Ich kaufe eine Zeitschrift	einmal die Woche. / zweimal im Monat. / jede Woche. / jeden Monat. ▷ B2

Möchtest du / Soll ich	eine Zeitschrift auf Englisch	haben? / schicken?

unit one 15

Overlap (Foundation/Higher Tier)

13 School and lessons

▶ Du bekommst einen Brief von einem deutschen Freund. Er stellt Fragen über deine Schule und den Deutschunterricht.

> *Und wie findest du deine neue Gesamtschule? Was machst du dort gern? Und was hast du diese Woche im Deutschunterricht gemacht?*
> *Schreib bitte bald,*
> *dein Markus*

Schreib eine Antwort auf den Brief. Du musst folgende Informationen auf Deutsch geben.
- Beschreib deine neue Schule.
- Wo ist die Schule genau?
- Wie fährst du dahin?
- Welche Fächer magst du gern?
- Welchen Schultag magst du überhaupt nicht?
- Was hast du diese Woche im Deutschunterricht gemacht?
- Sag, was du heute Abend für die Schule machen musst?
- Stell Fragen über die Schule in Deutschland.

CHECKLIST
✓ Write a letter in German to a friend including and developing all eight points.
✓ Describe school, locality, how you get there.
✓ Write about favourite subjects and worst day of the week.
✓ Use perfect tense to write about German lessons.
✓ Say what you're going to do tonight – use present or future tense or *müssen/wollen*.
✓ Ask two simple questions.

> *Lieber Markus,*
> *danke für deinen Brief. Meine neue Schule ist eine Gesamtschule* ❶ *- viel größer* ❷ *als die alte. Wir haben ein* ❸ *Schwimmbad. Die Schule ist* ❹ *in der Nähe eines Parks und nur 10 Gehminuten von unserem Haus. Ich fahre meistens mit dem Rad, aber ab und zu gehe ich zu Fuß.* ❺
> *Meine Lieblingsfächer sind Biologie und Physik, weil* ❻ *wir nicht so viel schreiben müssen. Aber Mittwoch hasse ich, denn* ❻ *wir haben am Nachmittag Sport!*
> *Gestern haben* ❼ *wir im Deutschunterricht einen Videofilm über deine Schule gesehen. Das war interessant. Ich muss* ❽ *heute Abend meine Hausaufgaben machen. Hast du auch viele Hausaufgaben?* ❾ *Habt ihr im Englischunterricht auch über unsere Schule gesprochen?*
> *Bis bald,*

Tips
❶ Say what type of school you go to and perhaps add a detail about size, buildings, pupils etc.
❷ Compare your old school with your new one.
❸ Use the **accusative** endings after *wir haben* and *es gibt*.
❹ Where in the town? What is nearby? How far from the town centre/your house? etc.
❺ You can answer the questions 'how often?' and 'how?' in the same sentence. To develop your answer, give two ways of getting to school.
❻ Develop your answer by giving reasons (*weil, denn, da*).
❼ Check word order in **perfect tense**.
❽ Perhaps use *müssen* to say what you have to do.
❾ Link a question to something you have already mentioned: *Schwimmbad, Hausaufgaben, Lieblingsfächer*.

✎ Now you write your own reply to Markus, using the example as a template for your own thoughts and opinions.

HILFE

Meine neue Schule ist	ein Gymnasium.
Ich gehe auf	eine Gesamtschule. ▷ A1
Ich besuche	

A ist größer/freundlicher als B.
C ist nicht so groß/freundlich wie D.
E ist genauso groß/freundlich wie F.

Wir haben	einen neuen Lehrer.
Es gibt	eine tolle Kantine.
	ein modernes Theater. ▷ A1

Die Schule ist in der Nähe	einer U-Bahn-Station.
	eines Parks. ▷ C5

Ich	fahre	jeden Tag	mit dem Bus.
	gehe	selten	zu Fuß. ▷ C3

Mein Lieblingsfach ist Sport.
Meine Lieblingsfächer sind Deutsch und Biologie. ▷ A1

Im Deutschunterricht haben wir einen Film gesehen.
Letzte Woche sind wir ins Sprachlabor gegangen.

Ich muss	heute Abend	Klarinette üben.
Ich werde		meine Oma besuchen.

14 Get well soon

▶ Du bekommst eine Karte von einer deutschen Freundin. Sie hat gehört, dass du einen Unfall gehabt hast. Du schreibst eine Antwort.
- Schreib deine Reaktion auf die Karte.
- Sag, wie es dir geht.
- Sag, was dir weh tut.
- Sag, wann der Unfall passiert ist.
- Sag, wie das passiert ist.
- Sag, wie lange du zu Hause bleiben musst.

> Liebe Claudia,
> danke für deine schöne Karte. Es geht mir ❶ heute etwas besser, aber mir tut immer noch das linke Bein weh. Mein Unfall ist vor drei Tagen ❷ passiert, als ❸ ich Tennis gespielt habe. Ich soll ❹ noch bis Freitag nächster Woche zu Hause ❺ bleiben.

Tips

❶ Don't forget to use the **dative case**: *es geht mir besser, mir tut der ... weh*.
❷ A point in time (*am Mittwoch*) or a period of time ago (*vor drei Tagen*).
❸ Use *als* + **perfect tense** to describe what you were doing at the time. Check the word order!
❹ You could say what you have to do (*müssen*) or ought to do (*sollen*).
❺ Check word order: When? How? Where? (Time, Manner, Place).

Overlap (Foundation/Higher Tier)

A Now you write a similar postcard using different details.

B Die Mutter deines Austauschpartners hat angerufen. Der Vater deines Partners hat einen Unfall gehabt. Du schreibst die Information auf. Du musst folgende Information auf Deutsch geben.
- Sag, wann die Mutter deines Austauschpartners angerufen hat.
- Sag, warum sie angerufen hat.
- Sag, was dem Vater passiert ist.
- Sag, wo der Vater jetzt ist.
- Sag, was dein Partner tun soll.

☎ ✎ Datum: ....
   Uhrzeit ....
   ....
   ....
   ....
   ....
   ....
   ....

HILFE

danke schön		deine Karte.
vielen Dank	für	deinen Brief.
ich bedanke mich		▷ p6

Mir		heute	
Ihm	geht es	jetzt	besser.
Ihr		langsam	schlechter.

Mir			
Ihm	tut das Bein	weh.	
Ihr	tun die Augen		▷ A15

	vor drei Tagen	
Der Unfall ist	am Mittwoch	passiert.
	letzte Woche	

Ich		bis Freitag	zu Hause
Er	soll	zwei Tage lang	im Bett	bleiben.
Sie			

Overlap (Foundation/Higher Tier)

15 Moving house

▶ Du bekommst einen Brief von einem deutschen Freund. Er stellt Fragen über euer neues Haus und den Umzug.

> Und wie findet ihr das neue Haus? Müsst ihr noch viel daran arbeiten? War es schwierig für dich die schöne alte Wohnung zu verlassen? Schreib bitte bald,
> Karsten

Schreib eine Antwort auf den Brief. Du musst folgende Informationen auf Deutsch geben.

- Beschreib das neue Haus.
- Sag, ob das neue Haus besser ist als die alte Wohnung.
- Beschreib dein neues Schlafzimmer.
- Sag, wie du dein Schlafzimmer verbessern wirst.
- Sag, wie du beim Umzug geholfen hast.
- Beschreib deine Gefühle, als du die alte Wohnung verlassen hast.
- Sag, welches Zimmer du am liebsten magst. Warum?

Lieber Karsten,

wir wohnen seit zwei Wochen ziemlich außerhalb der Stadt in einem schönen Einfamilienhaus ❶ mit drei Stockwerken. Hier ist es viel ruhiger als in der alten Wohnung und es gibt auch viel mehr Platz. Mein neues Schlafzimmer ist oben im ersten Stock ❷. Es ist sehr hell, hat einen grünen Teppichboden und ein großes Fenster mit Blick auf den Garten. ❸ Ich werde am Wochenende die Wände neu streichen – weiß oder blau. Ich brauche auch ein neues Regal für meine Bücher. ❹
  Der Umzug war nicht so einfach. Ich musste❺ das ganze Wochenende putzen, aufräumen, Geschirr einpacken und auspacken usw. Als wir endlich am Montag die alte Wohnung verlassen haben, ❻ war ich sehr erleichtert, aber natürlich auch ein bisschen traurig. Das Beste❼ an unserem neuen Haus ist das Spielzimmer unter dem Dach im zweiten Stock. Dort kann ich mit meinem Bruder den ganzen Abend Tischtennis oder Karten spielen.

Tips

❶ Learn the names for different types of housing: *ich wohne in einem Einfamilienhaus*.
❷ Say where rooms are: *mein Schlafzimmer ist oben im ersten Stock*.
❸ Describe the view: *ein Fenster mit Blick auf den Garten*.
❹ Simple home improvements: *ich werde die Wände streichen* or *ich brauche ein neues Regal*.
❺ List a few household chores after *ich musste …*
❻ Learn to express your feelings: *ich war…* or *ich fühlte mich …*
❼ The best thing about …: *das Beste an* + **dative** or *das Schönste an* + **dative**.

✏ Now you write a similar letter to a German friend using different details.

HILFE

Wir wohnen	in einem Einfamilienhaus. in einer Zweizimmerwohnung.

▷ A3

Mein Schlafzimmer Das Wohnzimmer	ist	oben im ersten Stock. unten im Keller.

▷ A3

Ein Fenster Ein Zimmer Ein Balkon	mit Blick auf	den Garten. die Straße.

▷ A3

Ich werde	die Wände streichen/tapezieren. einen Teppichboden kaufen. ein Bücherregal machen/basteln.

▷ A4

Ich musste	aufräumen. den Abwasch machen.

▷ A6

Das Beste Das Schönste	an unserem Haus ist	das Badezimmer. der Garten. die Dachterrasse.

▷ A3

Everyday activities

Higher Tier

16 School systems

▶ *Du findest in einer deutschen Zeitschrift einen kritischen Artikel über das britische Schulsystem.*

> die Schulen sind zu groß und unfreundlich

> man hat normalerweise nur drei Fächer in der Sixth Form

> die Lehrer sind zu streng

> der Schultag ist zu lang

> die Uniform ist unbequem und sieht blöd aus

Du schreibst eine Antwort. Sag deine Meinung und beschreib deine Erlebnisse.

CHECKLIST

- ✓ Give an impression of the size and nature of your school.
- ✓ Are the teachers too strict?
- ✓ What do you and your friends really think about the uniform?
- ✓ Would you be better off studying more subjects in the sixth form rather than specialising in three?
- ✓ Would you prefer to have a shorter school day, as in Germany, for example?

An die Redaktion

ICH BESUCHE eine Gesamtschule in Südwestengland. Unsere Schule ist relativ groß – etwa 1200 Schüler und Schülerinnen und mehr als 100 Lehrer – aber die Atmosphäre ist meistens freundlich. Ich bin in der 10. Klasse und habe viele Freunde. ❶ ❷

Die meisten Lehrer sind sehr hilfsbereit ❸. Es stimmt, dass ❹ viele Lehrer im Unterricht relativ streng sind. Aber als ich in Deutschland in der Schule war, konnte ich den Lehrer kaum verstehen, weil die Klasse so laut war.

In Deutschland und Frankreich trägt man meistens Jeans und Sweatshirt in der Schule. Aber wir sind in Großbritannien traditionsbewusst und ich ziehe gern meine Krawatte und meine Jacke an. Unsere Uniform ist praktisch und schick. ❺

Für die A-Level-Prüfung werde ich meine drei Lieblingsfächer wählen: Deutsch, Französisch und Musik. Nach der GCSE-Prüfung diesen Sommer werde ich froh sein mit den schweren und uninteressanten Fächern aufhören zu können.

❻ Unser Schultag ist sehr lang. Die Schule ist meistens erst um 16 Uhr aus. ❼ Aber nachmittags oder nach der Schule haben wir auch Gelegenheit Sport zu treiben, Musik zu machen oder in die Theatergruppe zu gehen.

Also, wie Sie sehen, ist nicht alles so schlimm bei uns in der Schule. Hoffentlich haben Ihre Leser jetzt ein anderes Bild von unserem Schulsystem.

Tips

❶ You could mention the type of school, number of pupils, teachers, buildings etc.
❷ Use qualifying words, e.g. *etwa 100 Lehrer, meistens freundlich, relativ streng*.
❸ Find good adjectives to describe character and personality, e.g. *hilfsbereit, geduldig*.
❹ To agree with someone use *Es stimmt, dass …*
❺ Give a few details about your uniform.
❻ You could say when the school day starts and finishes.
❼ You could say why the school day goes on so long (it starts at 9.00 a.m., you have sports practices, rehearsals for music or drama, chess club etc.).

✏ **A** Now you write an article giving your views on the criticisms above.

✏ **B** Write an article for a German magazine in which you present a picture of a 'School for the 21st Century'. You should cover the following areas:

- classrooms
- the school day
- uniform
- use of computers
- sport
- homework
- exams

HILFE

Wir sind / Es gibt	etwa / ungefähr / rund	1200 Schüler. / 100 Lehrer.

Ich bin / Meine Schwester ist	in der 11. Klasse.	▷ A2

Die meisten	Lehrer / Schüler	sind	sehr hilfsbereit. / streng.
		haben	viel Geduld.

Für die A-Level-Prüfung / Nach der GCSE-Prüfung	werde ich	Sprachen wählen. / weiterstudieren.

Der Schultag beginnt erst um 9.00 Uhr.

Die Schule ist erst um 16.00 Uhr	zu Ende. / aus.

unit one 19

Higher Tier

17 A disastrous school day

Du schreibst die Handlung für eine Fernsehserie über den Alltag in der Schule. Beschreib die folgenden Szenen.

Michael muss sich beeilen ❶ – er hat den Wecker nicht gehört ❶ und ist erst um 8.30 Uhr aufgestanden. Der Bus fährt gerade weg, als er an der Bushaltestelle ankommt. Er muss also zur Schule laufen.

❷ Der Chemieunterricht hat schon angefangen und der Lehrer ist sehr böse. Außerdem hat Michael seine Hausaufgaben vergessen. Die Klasse lacht ❸ – Michael muss die Arbeit in der Mittagspause nachholen.

Anja ist Michaels Freundin. ❹ Sie hat während der Mittagspause auf Michael gewartet, aber er hatte keine Gelegenheit ihr zu sagen, was in der Chemiestunde passiert war. Sie streiten.

Am Nachmittag findet ein wichtiges Fußballspiel statt. Michael ist der Torwart, aber heute kann er sich nicht richtig konzentrieren. Halbzeit: 0-3 ❺ gegen die Nachbarschule. Michael ist sehr unglücklich.

Kurz vor Spielende passiert ein Unfall. Als Michael versucht den Ball zu fangen, verletzt er sich am Kopf. Er bricht sich das Nasenbein – viel Blut! ❺ Der Notarzt wird angerufen ❻ und der Krankenwagen kommt. Der arme Michael muss ❼ ins Krankenhaus.

Michael fühlt sich besser, aber er muss zwei Tage lang im Krankenhaus bleiben. Seine Freundin hat gehört, was beim Fußballspiel passiert ist. Sie will ❼ ihren Freund besuchen und bringt Blumen mit. Ende gut, alles gut! ❽

CHECKLIST

✓ M is late because of alarm clock; bus has gone.
✓ M is in trouble with chemistry teacher; no homework
✓ Lunchtime – argument with girlfriend, M looking at watch and saying, *Aber der Chemielehrer …*
✓ Football match; score 0–3; M is goalkeeper.
✓ M is injured on the pitch; ambulance arrives.
✓ His girlfriend visits him in hospital.

A Now you write the plot of the soap opera along the same lines. This time, tell it from the perspective of one of the characters, Michael or Anja.

Tips

❶ You will need to use a combination of the **perfect tense** and **present tense**.
❷ Although you are writing relatively short sentences, each one contains quite a lot of detail.
❸ Describe people's reactions and feelings.
❹ Refer to events that have already happened and to ones which are about to happen.
❺ Use short phrases occasionally to get a picture across quickly and directly (*Halbzeit: 0-3; viel Blut*).
❻ A **passive** construction can shorten sentences.
❼ **Modal** and **reflexive verbs** can be very helpful (*müssen, wollen; sich verletzen, sich fühlen* etc.).
❽ Don't forget to work in the punch line!

B Now write a different plot for the same TV soap-opera based on the title *Ende gut, alles gut!*

HILFE

Ich bin Er ist	erst um 8.30 Uhr zwei Stunden später	wach geworden. angekommen.

Der Chemielehrer	ist/war	sehr streng/lustig.	▷ B5

Sie Er	hat	15 Minuten lang die ganze Mittagspause	auf ihn auf mich	gewartet.

Das Fußballspiel Das Theaterstück	findet	am Nachmittag in der Aula	statt.

Als Michael versucht den Ball zu	fangen, treten,	verletzt er sich am	Kopf. Fuß.

Ich habe mich Er/Sie hat sich	das Nasenbein die Schulter	gebrochen. verrenkt.	▷ A16

Ich muss Er muss	zwei Tage lang eine Woche lang	im Bett bleiben.

20 Everyday activities

Higher Tier

18 Problem page

▶ *Du findest Bettinas Briefkasten in einem Jugendmagazin, wo Teenager ihre Meinung zum Thema „Mein Leben zu Hause" äußern.*

✉ BETTINAS BRIEFKASTEN

Warum soll ich immer diejenige sein, die für meine Mutter aufräumt oder den Abwasch macht. Andere Freunde bekommen für solche Jobs wenigstens ein bisschen Geld und ich kriege sowieso wenig Taschengeld. Außerdem habe ich wenig Zeit für so was. Ich muss im Moment sehr viel für die Schule tun – Theater, Sport usw.

Liebe Bettina

ich komme mit meiner Schwester meistens sehr gut aus. Wir teilen die Arbeit zu Hause und machen jede Woche eine Liste: Staubsaugen, Tischdecken, Aufräumen, Spülen, Frühstück oder Abendessen vorbereiten usw. Dann kann jeder sehen, wer dran ist. Es gibt selten Streit zwischen uns. So verdienen wir auch unser Taschengeld.

Wolfram (15) und Nina (17)

Liebe Bettina,

ich habe die Nase voll! Ich kann es zu Hause nicht länger aushalten. Ich muss mein Zimmer mit meinem jüngeren Bruder teilen und er hat überhaupt kein Verständnis, weder für mich noch für meine Schularbeit. Wenn ich versuche mich auf meine Prüfungen vorzubereiten, spielt er immer laute Musik. Meine Mutter sagt einfach nichts. Sie versteht sich mit meinem Bruder besser als mit mir. Ich habe keine Lust mehr zu Hause zu wohnen. Ich möchte ausziehen, aber ich weiß nicht, wohin. Was soll ich bloß tun?

Florian (16)

✏ *Du schreibst einen Brief an Bettinas Briefkasten. Du musst folgende Themen erwähnen.*
- *Du fühlst dich zu Hause unwohl.* ❶
- *Warum gibt es immer Streit zwischen dir und deiner Familie?* ❷
- *Was findest du ungerecht?* ❸
- *Kannst du die Position deiner Eltern verstehen?* ❹
- *Wie würdest du die Situation ändern?* ❺
- *Wenn es so weitergeht, was wirst du tun?* ❻

Tips

❶ Look for phrases in the material given which you can use (*wenigstens, sowieso, außerdem, warum soll ich diejenige/derjenige sein ...*).

❷ Perhaps it's to do with household chores, pocket money, relationships with friends or family etc.

❸ You could say that your brother or sister is allowed to do something you are not (use *dürfen*).

❹ What do they think? (*Sie glauben/meinen, dass ...*)

❺ Begin with *Ich würde ...* + **infinitive** to say what you **would** do.

❻ Begin with *Ich werde ...* + **infinitive** to say what you **will** do.

HILFE

| Ich komme mit | meinen Eltern / meinem Bruder | (nicht) gut aus. |

| Ich verstehe mich (nicht) mit | meinen Eltern. / meinem Bruder. |

| Meine Eltern gehen / Mein Bruder geht | mir auf die Nerven. |

Er / Sie / Ich	darf	länger fernsehen als ich.
	muss	nie beim Einkaufen helfen.
	würde	jede Woche eine Liste machen.
	möchte	ein bisschen Geld verdienen.

| Wenn es so weitergeht, werde ich nie wieder | mit ihm sprechen. / ihm meine CDs leihen. |

2 Personal and social life

Area of Experience B The topics covered in this unit are:

- Self, family and friends
- Free time, holidays and special occasions
- Personal relationships and social activities
- Arranging a meeting or activity
- Leisure and entertainment

1 Family tree

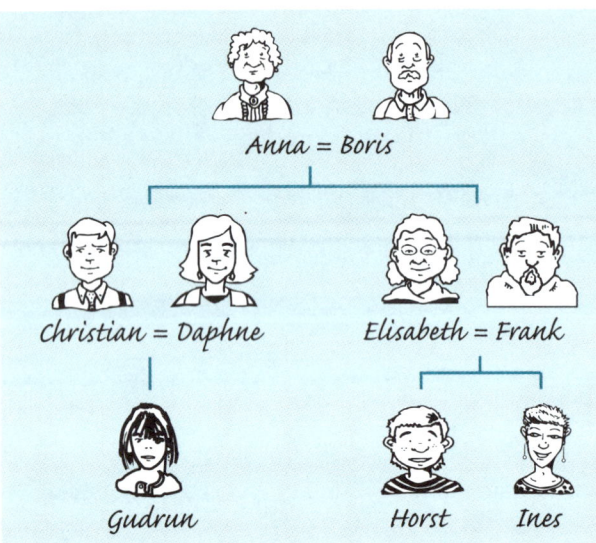

✏ A Look at the family represented by this genealogical tree. How many different family roles can you give the name for in German? There are at least 16! ▷ B8

z. B. *Anna: Horst – Großmutter*

Tip
- You won't have to give the gender in this type of question in an exam, but if you do, it's fairly safe to assume that female members of the family are feminine words (*die Großmutter*) and male members are masculine (*der Vater*).

✏ B How many different adjectives can you think of to describe each member of the family? Write their name, a family role and a word to describe them.

z. B. *Anna – Großmutter – alt*

Tips
- Just use single words to describe size, shape, age, personality etc.
- You don't need to worry about adding any endings to the adjectives.

2 Christmas presents

▶ Make a list in German of four members of the family you will be buying presents for this Christmas. You must explain who they are by giving their relationship to you, not just by giving their proper names.

mein Bruder
meine Oma
meine Tante
mein Vetter

Tip
- If the person is male, use *mein*. If the person is female use *meine*. If you use a plural (e.g. sisters), it's always *meine*. ▷ B8

✏ A Now you make a list of four different members of the family, as in the example above.

▶ Choose one of the people in your list and write four things you think might make a good present for him/her.

meine Oma:
Schokolade, Socken, Briefpapier, Blumen

Tip
- Think of items in groups, e.g. something to eat, something to wear, something for the house etc.

✏ B Now you do the same for two of the people in your list.

22 Personal and social life

Foundation Tier

3 Penfriend registration

```
Familienname: Hübner
Vorname(n): Patricia
Alter: 16
Wohnort: München
Geburtsdatum: 23. Januar 1986  ❶
Geburtsort: Augsburg
Nationalität: deutsch  ❷
Geschwister: 2 Schwestern
Berufe der Eltern: Vater – Metzger  ❸
    Mutter – Krankenschwester
Größe: 1,70 m  ❹
Haare: hellbraun  ❺
```

▶ Look at the Penfriend Registration Form. What information are you required to give in the spaces labelled: *Vorname(n), Wohnort, Geburtsdatum, Geburtsort, Nationalität, Beruf der Eltern, Größe, Haare?*

✏ **A** Copy and complete the form in German with information about yourself.

Tips
❶ Notice the dot after 23 representing 23rd.
❷ One word will do. ▷ E2
❸ You don't have to tell the truth – make up something easy for either or both of your parents. ▷ D1
❹ Give your height in metres set out like this. Don't try to spell it out or you may make mistakes.
❺ Give a colour (*hellbraun*) or a style (*lockig, lang*) Remember, you don't have to add any endings to the adjectives here.

✏ **B** You are writing your first postcard to your new penfriend.

Du musst folgende Informationen auf Deutsch über dich und deine Familie geben.
- *Sag, wie du mit Familiennamen heißt.*
- *Sag, wie alt du bist.*
- *Sag, wann du Geburtstag hast.* ❶
- *Sag, wie du aussiehst.* ❷
- *Beschreib deine Familie.* ❸
- *Sag, wo du wohnst.* ❹
- *Sag, was dein Vater/deine Mutter von Beruf ist.* ❺

Tips
❶ Start your sentence with *Ich habe am ...*
❷ You could describe your size, hair or eyes. In an exam you will only be asked for one detail.
❸ Just list the people in your family after saying how many there are (*Wir sind fünf in unserer Familie: ...*).
❹ You could say 'in a town', 'in a village', where in the country (*in Nordostengland*) or simply who you live with.
❺ Remember, it doesn't have to be truthful – just acceptable German!

HILFE

Mein Sein/Ihr	Familienname Vorname	ist ...	

Ich Er/Sie	heiße ... heißt ...	mit Familiennamen. mit Vornamen.

Ich Er/Sie	habe hat	am 10. Mai Geburtstag. ▷ B1

Ich bin	ziemlich relativ	1,75 m groß. groß. klein. schlank. dick. ▷ B3

Ich habe	lange kurze	blonde dunkle hellbraune	Haare. Augen. ▷ B3

Wir sind drei in der Familie:
    meine Mutter, mein Bruder und ich.   ▷ B8

Ich wohne bei	meiner Mutter/Oma. meinem Vater/Opa.

Ich wohne in	einem Dorf einer Stadt	in Nordostengland. in Südwales.

▷ E4

Meine Mutter Mein Vater	ist	Polizistin Bäcker	von Beruf.

Meine Mutter arbeitet	als Sekretärin. in einem Krankenhaus. bei Burger King.

▷ D1–2

Foundation Tier

4 For sale

▶ Look at these advertisements.

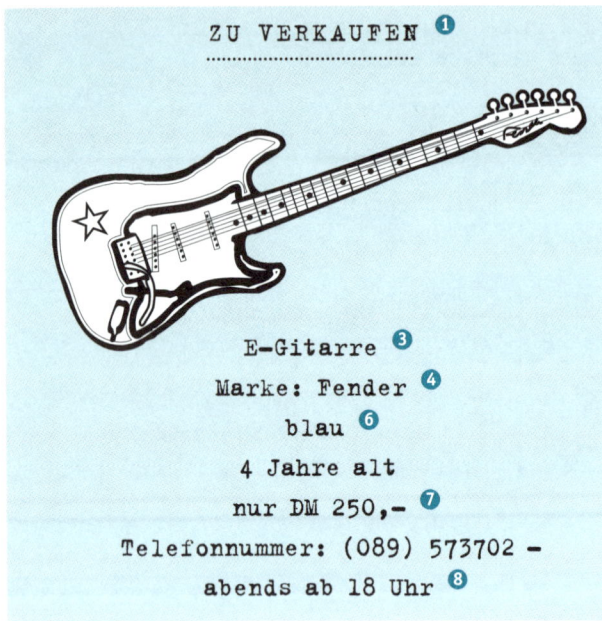

ZU VERKAUFEN ❶

E-Gitarre ❸
Marke: Fender ❹
blau ❻
4 Jahre alt
nur DM 250,- ❼
Telefonnummer: (089) 573702 –
abends ab 18 Uhr ❽

SUCHE ❷
Fotoapparat ❸

Marke: Canon oder Olympus ❹
klein, idiotensicher ❺
zwischen DM 100,- und DM 150,- ❼
Telefonnummer: (06131) 235316 –
am Wochenende ❽

Tips

❶ This is how to say 'for sale'.
❷ This is how to say 'wanted' or 'I'm looking for …'.
❸ Make it clear what you want to sell.
❹ You could give the make (*Marke*).
❺ Give a simple description.
❻ You could give the colour (no adjective ending as it doesn't stand before the noun). ▷ B6
❼ Make the price look attractive with a word like *nur*, or give a price range using *zwischen*. And notice how to write the price in German.
❽ Say how and when can you be reached. ▷ B2

❗ A Now write a 'for sale' advert for one of the following items.

Du musst folgende Informationen auf Deutsch geben.
- Sag, was du verkaufen möchtest.
- Beschreib den Gegenstand.
- Sag, wie alt er ist.
- Gib den Preis an.
- Gib deine Telefonnummer an.
- Sag, wann man dich anrufen kann.

CHECKLIST
✓ Don't forget to put 'for sale' in German at the top.
✓ You could describe it by colour, make or any other appropriate detail.
✓ Don't forget to give prices in German.

❗ B Now choose a different object from the list in the first exercise and write a 'wanted' advert.

CHECKLIST
✓ Don't forget to start with the word *Suche* this time.
✓ Try to give at least three details.
✓ Give a price range using the word *zwischen*.
✓ Don't forget to say how and when you can be reached – by e-mail, perhaps?

HILFE

| hellblau | |
| dunkelrot | ▷ B6 |

nur DM 100,-
zwischen DM 150,- und DM 200,-

am Wochenende	zwischen 10 und 12 Uhr.
vormittags	vor 16 Uhr.
nachmittags	
abends	ab 18 Uhr. ▷ B2

Personal and social life

Foundation Tier

5 Pets

▶ Your exchange partner is doing a survey about pets. Make a list in German of four creatures commonly kept as pets in Britain.

Tips

❶ Don't be too exotic! Stick to words you know how to spell, and avoid having to rely on the dictionary.
❷ A noun in the plural form is OK.
❸ Don't confuse German words which look or sound similar (*Kaninchen*).
❹ Be careful to check German spellings (*Fisch*), especially when English and German words look and sound similar.

✎ **A** Can you think of four different pets you could add to the list in German?

✎ **B** You have just returned from a visit to the zoo in Stuttgart. Make a list in German of four of the animals you saw there.

✎ **C** Try making lists of creatures under different headings: pets, farm animals, wild animals, animals which lay eggs etc.

6 A new pet

▶ You are writing to your exchange partner about a new addition to your family – a pet.

Du musst folgende Informationen auf Deutsch geben.
- *Sag, welches neue Haustier du hast.*
- *Sag, wie es heißt.*
- *Beschreib das Tier.*
- *Beschreib seinen Charakter.*
- *Sag, was du mit ihm machst und wie oft.*

> Hallo, Michael!
> Wir haben ein neues Tier ❶ zu Hause – einen Hund ❶. Er heißt Snowy. Er ist weiß und hat lange Ohren. Er ist sehr lieb ❷. Ich spiele ❸ mit ihm jeden Tag nach der Schule. ❹

Tips

❶ Don't forget to use the **accusative case** after *wir haben einen …* (m) / *eine …* (f) / *ein …* (n).
❷ Learn a few simple adjectives to describe character and personality, e.g. *lieb, verrückt*. ▷ B5
❸ You could use *spielen, spazieren gehen* or *füttern*, for example.
❹ Often it's neater to put two ideas in one sentence.

✎ Now you write a similar postcard in German about your own pet or using one of the prompts below.

HILFE

Wir haben	einen Hund eine Katze ein Meerschweinchen	zu Hause.

Er Sie Es	ist	relativ ziemlich sehr	groß. klein. ▷ B3

… ist	schwarz und weiß. dunkelbraun. ▷ B6 (nicht sehr) lieb. laut. verrückt. ▷ B5

Er Sie Es	hat	schöne große lange	Augen. Ohren. ▷ A15

Ich spiele mit	ihm ihr	jeden Tag dreimal die Woche	meistens nach der Schule. vor dem Frühstück. ▷ B2

unit two

Foundation Tier

7 Sports

A Complete this list in German of four sports you could do at this activities centre.

| Fu _ _ _ _ l | Re _ _ _ _ n |
| Te _ _ _ s | An _ _ _ n |

B Now you list four more activities on offer.

C Use your dictionary to find the German for the remaining activities. Now put each of them into one of the following groups (you may decide that some activities belong to more than one group): team sports, individual sports, dangerous sports, good for general fitness.

D In German list three sports activities **you** enjoy and one **you don't** particularly enjoy.

✓	✗
1	1
2	
3	

8 About yourself

▶ You have to design a poster about yourself and your interests.

Du musst folgende Information auf Deutsch geben.
- *Beschreib, wie du aussiehst.*
- *Beschreib deinen Charakter.*
- *Hobbys: Was machst du abends zu Hause?*
- *Und was machst du normalerweise am Wochenende?*
- *Sag, was du überhaupt nicht gern machst.*
- *Sag, was du gerade liest.*

Das bin ich!

Ich habe lange, dunkelbraune Haare. ❶
Ich bin meistens gut gelaunt
und habe viel Geduld. ❷
Abends spiele ich Karten mit
meinem Bruder oder ich sehe fern. ❸
Am Wochenende gehe ich oft schwimmen. ❸
Ich hasse Golf. ❹
Ich lese gerade ein Buch von Terry Pratchett. ❺ ❻

Tips

❶ You could describe hair, eyes, size, figure, glasses.
❷ Choose and learn an easy phrase to describe your character, and practise using words like *meistens, ziemlich, normalerweise* or *ab und zu*.
❸ Look at the word order. If you start with *abends* or *am Wochenende*, the next word has to be a verb.
❹ You can use *ich hasse …* or *ich gehe nicht gern (schwimmen)*. ▷ B10
❺ You could say 'a book by …' (*von*) or 'a magazine about …' (*über*).
❻ Here *gerade* means 'at the moment'.

▶ Now you design the poster with information about yourself.

HILFE

| Ich habe | lange blonde | Haare | und | grüne schöne | Augen. |

▷ B3

| Ich spiele | (nicht) sehr gern (nicht) gern | Karten. Schach. |

▷ B10

| Meine Hobbys sind Ich hasse | Stricken und Basteln. Tanzen. |

▷ B11

| Ich bin | immer meistens oft selten nie | gut gelaunt. arrogant. |

▷ B5

| Ich lese gerade | ein Buch von Terry Pratchett. eine Zeitschrift über Computerspiele. |

Personal and social life

Foundation Tier

9 Diary

A Look at the pages of your diary (below). Write out in full and in German a list of the days and dates when you aren't doing anything in the evenings.

z. B. *Dienstag, 22. Februar*

- 21. Feb. **M** *Konzert in der Schule 18.30 Uhr*
- 22. Feb. **D**
- 23. Feb. **M**
- 24. Feb. **D** *Kino 20:00 Uhr*
- 25. Feb. **F**
- 26. Feb. **S** *Party bei Erik 21.00 Uhr*
- 27. Feb. **S**
- 28. Feb. **M**
- 1. März **D**
- 2. März **M** *Hallenbad 19.00 Uhr*
- 3. März **D**
- 4. März **F** *Treffen bei McDonald's 18.00 Uhr*
- 5. März **S**
- 6. März **S**

Tip
- It's easy to write 1st, 2nd, 3rd etc. in German, as you don't need to put anything other than a full stop after the number, e.g. *2. März*. But to read them aloud is more complicated!

B Your exchange partner is coming to visit you soon. Write a list in German of four activities to do or places to visit

a in the evenings
b at the weekend if the weather is hot and sunny
c if it rains at the weekend.

abends	am Wochenende	
	bei schönem Wetter	bei schlechtem Wetter

Tips
- In the Foundation Tier these activities could be written as a verb (*schwimmen*), or a noun and a verb (*ins Schwimmbad gehen*), or just a noun (*Schwimmbad*).
- Places should mean something to a German, so avoid using just proper place names such as McDonald's or Manchester. It's important to show how much German you can write!
- Try to think of activities under headings: at home – in town – indoor – outdoor etc.

C Write a list in German of places in a town where you could arrange to meet someone.

z. B. *am Hauptbahnhof*

Tip
- You could practise using the correct **preposition + dative**, e.g. *an, in, vor, hinter, neben, unter, auf*. ▷ B13

HILFE

am Hallenbad	vor dem Bahnhof
an der Haltestelle	hinter der Kirche
im Kino	neben den Telefonzellen
in der Schule	unter der Brücke
	auf dem Marktplatz

Foundation Tier

10 A day out

▶ You are with your school exchange group in Germany. You are organizing a small group outing. Design a notice to put up on the school notice board, saying where and when you will all be meeting.

Du musst folgende Informationen auf Deutsch geben.
- Sag, wohin ihr geht.
- Sag, wo der Treffpunkt ist.
- An welchem Tag und um wie viel Uhr?
- Sag, wie viel es kostet.
- Sag, was man nicht vergessen darf.

WER KOMMT MIT?

Wir gehen in den Zoo. ❶
Treffpunkt: U-Bahn-Station am Zoo. ❷
Wann: Samstagnachmittag,
    14.30 Uhr. ❸ ❹
Preis: DM 6,-.
Nicht vergessen: Fotoapparat. ❺

Tips

❶ After *wir gehen ...* try to get the correct phrase for 'to the ...', e.g. *zum, in den, ins* etc. ▷ B12
❷ *Treffpunkt* just means meeting-place. Give the name of a place in town or say what the underground station is next to. Practise getting the correct phrase for 'at the ...' or 'in front of the ...', e.g. *am, vor dem* etc. ▷ B13
❸ You can just give a day, or be more precise, e.g. *Samstag* or *am Samstagnachmittag*. ▷ B2
❹ Don't forget that the 24-hour clock is common and easy to write in German. Use numbers not words.
❺ What item might come in useful (clothing, food, town-plan, travel pass)?

✏ A Now write a short phrase for each of these symbols.

a places to go

b where to meet

c date or time

d what not to forget

✏ B Now you design a similar notice for the following outings:
    a a trip to the cinema
    b a trip to a sports event
    c a trip to the outdoor swimming pool.

HILFE

Wir gehen	in den Zoo. ins Schwimmbad.	▷ B12

Wir treffen uns	am	Samstagvormittag Montagnachmittag Dienstagabend	um ... Uhr	am Bahnhof. im Café Rouge. an der Bushaltestelle.	▷ B2, B13

Personal and social life

11 Helping at home

Look at the bar-graph showing household jobs. In German write a list of some of the ways in which, according to the survey, teenagers earn pocket-money at home. Give the corresponding percentage for each job you can list.

z. B. Kochen – 8%

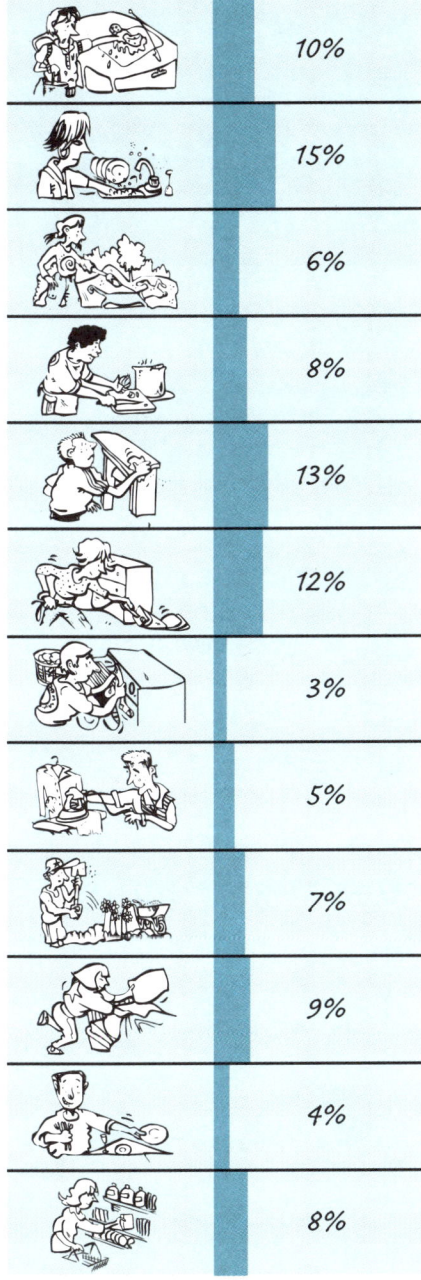

	%
	10%
	15%
	6%
	8%
	13%
	12%
	3%
	5%
	7%
	9%
	4%
	8%

Tip
- Remember that you can make any **verb** into a **noun** by giving the **infinitive** a capital letter, e.g. *ich koche* ▷ *kochen*, ▷ *das Kochen*.

12 Pocket money

Your German friend asks you to help with a survey about helping at home and pocket money.

Schreib an deinen Freund auf Deutsch.
- Sag, wie oft du in der Woche arbeitest.
- Sag, wem du hilfst.
- Sag, was du machst.
- Sag, wie lange du arbeitest.
- Sag, wie viel du verdienst.
- Sag, wofür du das Geld sparst.

Hallo, Stefan,
ich arbeite zwei- bis dreimal die Woche. Ich helfe meiner ❶ Mutter. Ich spüle und trockne ab. ❷ Ich brauche ❸ ungefähr 30 Minuten. Ich bekomme DM 15,- pro Woche. Ich spare für ❹ ein Fahrrad.
Roger

Tips
❶ Watch out – *helfen* takes the **dative**!
❷ Just one activity is all you need to get full marks.
❸ *Ich brauche …* means 'it takes me …'
❹ What are you saving for? *Ich spare für …*

Now you write a short reply to Stefan along similar lines.

HILFE

Ich arbeite	einmal/zweimal zwei- bis dreimal	die Woche.
	jeden Tag/Abend/Samstagvormittag.	

Ich	spüle. trockne ab.	
	mache	die Betten. mein Zimmer sauber. ▷ A6

Ich helfe	meiner Mutter. meinem Onkel. meinen Eltern.

Ich brauche Es dauert meistens	ungefähr eine Viertelstunde. eine halbe Stunde.

Ich bekomme DM 15,-	pro Woche/die Woche. pro Monat/im Monat.

Ich spare für	den Urlaub. ein Fahrrad.

Overlap (Foundation/Higher Tier)

13 Exchange partners

▶ *Dein Austauschpartner kommt bald nach Großbritannien. Du schreibst einen Brief auf Deutsch.*

- *Gib Informationen über dich und dein Aussehen, deinen Charakter, deine Familie, deine Hobbys.*
- *Sag, was du letzte Woche für dein Hobby gekauft hast.*
- *Frag ihn/sie über seine/ihre Familie, seine/ihre Hobbys.*
- *Beschreib, was du nächstes Wochenende machen wirst.*

CHECKLIST

✓ Give information about yourself and your appearance.
✓ Which tense for what you bought last week?
✓ What questions do you have to ask?
✓ What are you asked to describe? Which tenses to use?
✓ Don't forget to 'develop' each item, i.e. add another piece of information to each point.

Hallo, Karin!

Ich bin Emma, deine britische Austauschpartnerin. Ich bin 15 Jahre alt und habe lange, dunkelbraune Haare und grüne Augen. Ich bin ziemlich groß (1,70 m), aber relativ schlank. Ich bin meistens gut gelaunt, relativ sportlich und ❶ *ich gehe gern mit Freunden aus. Ich habe einen Bruder, Thomas (18 Jahre alt), und meine Oma wohnt auch bei uns. Mein Vater ist Ingenieur von Beruf und meine Mutter arbeitet in einem Kaufhaus.*

Meine Hobbys sind Tanzen ❷ *und Schwimmen. Ich spiele gern Gitarre und ich gehe zweimal die Woche zum Training ins Hallenbad. Ich habe letzte Woche eine neue Schwimmbrille gekauft.* ❸

Hast du Geschwister? Was ist dein Vater von Beruf? Was machst du gern in deiner Freizeit? Spielst du auch ein Instrument?

❹ *Nächstes Wochenende gehe* ❺ *ich mit meinem Bruder in ein Konzert. Wir werden* ❺ *mit dem Bus oder mit der Bahn nach Bradford fahren.*

Alles Liebe,

deine Emma

Tips

❶ Join short phrases with simple **conjunctions** like *und*, *aber* and *oder*.
❷ Remember you can turn **verbs** into **nouns**: *ich tanze* ▷ *tanzen* ▷ *das Tanzen*.
❸ If you can't think what you might have bought, you could always think of a different hobby. Make life easy for yourself!
❹ Note word order: *Nächstes Wochenende gehe ich …*
❺ The **present tense** is often enough to describe a future event. You could also use the **future tense** (*werden* + **infinitive**).

A Now you write a letter to Karin with information about yourself.

B *Du bekommst einen Brief von deinem neuen deutschen Brieffreund. Er stellt Fragen über deine Familie und deine Freunde.*

> *Wie groß ist deine Familie? Wie verstehst du dich mit deiner Familie? Hast du viele Freunde? Wer ist dein bester Freund bzw. deine beste Freundin? Beschreib ihn oder sie und was ihr zusammen macht!*

Schreib eine Antwort auf den Brief. Du musst folgende Informationen auf Deutsch geben.
- *Beschreib deine Familie.*
- *Beschreib, mit wem du gut/nicht so gut auskommst. Warum?*
- *Gib Informationen über deine Freunde.*
- *Beschreib deinen besten Freund/deine beste Freundin.*
- *Sag, wo du ihn/sie kennen gelernt hast.*
- *Sag, was du letzte Woche mit ihm/ihr zusammen gemacht hast.*
- *Beschreib eure Pläne für das kommende Wochenende.*

HILFE

Ich verstehe mich gut mit / Ich habe ein gutes Verhältnis mit	meinen Eltern.
Ich komme mit meinen Eltern gut aus.	

Ich	streite mich oft / habe oft Streit/Krach	mit meinem Bruder.

Ich kann	meine jüngere Schwester / meinen älteren Bruder	nicht leiden.

Ich mag	ihn/sie / sie (pl.)	(sehr) gern. / überhaupt nicht.

Ich habe	ihn / sie	in der Schule / im Jugendklub / auf Urlaub	kennen gelernt.

Meine ältere Schwester / Mein älterer Bruder	ist	verlobt. / verheiratet. / geschieden.

Personal and social life

Overlap (Foundation/Higher Tier)

Ich bin Er/Sie ist	immer/meistens oft/ab und zu nie		freundlich. schlechter Laune.	▷ B5	Nächstes Wochenende Am Samstag	werde ich werden wir	nach Bradford fahren.

Letzten Samstag Letzte Woche	bin ich	mit	meinem meiner meinen	Freund/Bruder Freundin/Schwester Freunden	einkaufen schwimmen zum Jugendklub ins Kino	gegangen.	▷ B12

14 Sad news

▶ *Du bekommst einen traurigen Brief von deinem deutschen Brieffreund.*

> Diese Woche war für uns sehr traurig
> – unsere Hündin Tess ist am Freitag bei
> meinen Großeltern auf dem Bauernhof
> gestorben. Sie war erst sechs Jahre alt.
> Wir haben also das Wochenende bei
> unseren Großeltern verbracht.
> Erinnerst du dich noch an meine Oma?
> Du hast sie letztes Jahr bei
> uns kennen gelernt.

Schreib eine Antwort auf den Brief. Du musst folgende Informationen auf Deutsch geben.
- Schreib deine Reaktion auf den Brief.
- Beschreib die Reaktion deiner Familie.
- Frag, wie es deinem Freund geht.
- Sag, dass deine Schwester ein neues Haustier zum Geburtstag bekommen hat.
- Sag, warum du dich so gut an seine Oma erinnerst.
- Stell Fragen über den Bauernhof seiner Großeltern.
- Frag, was er zum Geburtstag möchte.

> Hallo, Peter!
> Danke für deinen Brief. Es tut mir Leid, ❶ dass Tess am Montag gestorben ist. Wir sind alle sehr überrascht ❷ und natürlich traurig. Wie geht es dir? Tess wird dir bestimmt sehr fehlen. ❸
>
> Meine Schwester hat einen kleinen Hamster zum Geburtstag bekommen. Er heißt Hammy und schläft den ganzen Tag!
>
> ❹ Ich erinnere mich gut an deine Oma, weil sie so komisch Deutsch spricht. Ich konnte sie überhaupt nicht verstehen! Wo ist der Bauernhof genau? Gibt es viele Tiere dort?
>
> Was möchtest du zum Geburtstag - vielleicht einen kleinen Hund? Oder einen Hamster? ❺
>
> Schreib bitte bald, deine Hilary

Tips

❶ Note how to say 'I'm sorry that …'.
❷ Try to find **adjectives** to describe someone's reactions or feelings (e.g. sad, unhappy, surprised, shocked). ▷ B4
❸ *fehlen* + **dative** means to miss a person or a pet – but note how it is used: *du fehlst mir* – 'I miss you'.
❹ Don't forget to add some detail.
❺ Ask the question, then develop it by making a suggestion.

✎ Now you write the letter using ideas of your own.

HILFE

Es tut	mir uns	Leid, dass	Tess gestorben ist. es dir nicht so gut geht.

Er/Sie fehlt	mir/dir/uns/ meiner Schwester	sehr.	▷ B8

Was	wirst hast	du	zum Geburtstag zu Weihnachten	bekommen?

Vor zwei Jahren Letztes Jahr	ist	unser Hund unsere Katze	krank geworden. verloren gegangen. gestorben.

▷ B15

Ich erinnere mich Er erinnert sich Sie erinnert sich	gut	an	deine meine	Oma,	weil …
			deinen meinen	Opa,	

unit two

15 Going to town

▶ *Du bist zu Besuch in Deutschland und deine Austauschpartnerin schläft noch. Du willst aber in die Stadt gehen. Du schreibst einen kurzen Brief.*

Du musst folgende Informationen auf Deutsch geben.
- Begrüß deine Austauschpartnerin und frag, wie es ihr geht.
- Sag, warum du so früh aufgestanden bist.
- Sag, was du zum Frühstück gegessen hast.
- Sag, wie viel Uhr es jetzt ist.
- Sag, wohin du jetzt gehen willst und warum.
- Sag, was du danach machen wirst.
- Beschreib, wo und wann ihr euch treffen könnt.
- Sag, wie weit das ist.

> Guten Morgen, Susanne! ❶
> Wie geht es dir heute? ❷ Hoffentlich hast du gut geschlafen. Ich bin um 7 Uhr aufgestanden, weil ❸ ich Halsschmerzen habe. Ich habe die ganze Nacht gehustet. Zum Frühstück ❹ habe ich eine Tasse Tee mit Honig getrunken. Es ist jetzt 9.30 Uhr. Ich will in die Stadt gehen, denn ich brauche Hustenbonbons. Dann ❹ gehe ich auf die Post ❺ um meine Postkarten nach England abzuschicken. ❻ Wir könnten uns im ❼ Café am ❼ Rathaus treffen. ❽ Wie wäre es mit 11.00 Uhr? Das Café ist nur 10 Gehminuten entfernt. ❾
> Bis dann,
> Rachel

Tips

❶ Say 'Good Morning' or any other appropriate greeting (*Hi! Grüß dich! Hallo!*).
❷ Remember to develop points by adding one additional piece of information – you could ask if she is still tired or feeling better.
❸ Take care with the word order after *weil*.
❹ Remember the word order: *Zum Frühstück habe ich …* or *Dann gehe ich …*
❺ Practise using *um … zu* to give reasons for doing things, e.g. *um eine Tube Zahnpasta zu kaufen*.
❻ Make a suggestion using *wir könnten …*
❼ Remember *in + dem = im, an + dem = am*.
❽ To suggest a time use *Wie wäre es mit …?*
❾ *10 Gehminuten* is equivalent to the English '10 minutes' walk'.

✎ **A** Now you write the message to your friend using details of your own.

✎ **B** Now write a second message, this time imagining it's your friend's birthday.

HILFE

Zum	Frühstück / Mittagessen / Abendessen	habe ich	Toast mit Marmelade / Hähnchen mit Pommes	gegessen.

▷ A5

Morgen / Am Freitag	gehe ich	auf die Post / zum Supermarkt	um	Briefmarken / Zahnpasta	zu kaufen.

Wir könnten uns	im Café / in der Konditorei / am Rathaus / an der Brücke	treffen.

▷ B13

Wie wäre es mit	Freitag? / 11.00 Uhr? / heute Abend?

▷ B1–2

Das Café ist ungefähr	10 Gehminuten / 10 Minuten	zu Fuß / mit dem Bus	entfernt.

16 A famous person

▶ *Du schreibst einen Artikel für ein deutsches Jugendmagazin über eine bekannte Persönlichkeit. Wähle einen Star aus Fernsehen, Sport, Musik oder Kino und schreib den Artikel auf Deutsch.*

Der Artikel muss folgende Informationen beinhalten.
- *Name, Alter, Nationalität und Beruf dieses Stars.*
- *Sag, warum du dich für diese Person interessierst.*
- *Beschreib, was an dieser Person so faszinierend ist.*
- *Beschreib, wie er/sie aussieht und andere Charaktereigenschaften.*
- *Sag, wo er/sie aufgewachsen ist.*
- *Sag, was sein/ihr größter Erfolg war.*
- *Beschreib, wo er/sie jetzt wohnt.*
- *Sag, was seine/ihre Pläne für die Zukunft sind.*

CHECKLIST
- ✓ Choose a living person who is easy to write a few sentences about - male or female.
- ✓ Make a list of the things you will have to give information about.

> Dean Robinson ist ❶ englischer Fußballprofi und erst ❷ neunzehn Jahre alt. Ich mag Dean, weil ich seit acht Jahren ein begeisterter ❸ Fan von Stretton Wanderers FC bin. Dean Robinson hat mit achtzehn zum ersten Mal für die englische Nationalmannschaft gespielt. Er ist relativ klein, aber kräftig und schnell. Er hat kurze, braune Haare und ein breites Lächeln. Er ist intelligent und humorvoll.
>
> Dean Robinson ist 1979 ❹ in Schottland geboren, ❺ aber er ist in Stretton aufgewachsen. ❺ Sein Vater war früher ❻ auch Fußballspieler. ❼ Ohne Zweifel war Deans größter Erfolg das Tor, ❽ das er in der Fußballweltmeisterschaft gegen Argentinien geschossen hat. Er wohnt immer noch ❾ in der Nähe seiner Eltern in Stretton und hat bis jetzt ❾ keine Pläne seine Heimat zu verlassen. Aber er wird vielleicht eines Tages ❾ sehr viel Geld bei ❿ einem großen Klub in Italien oder Spanien verdienen.

Tips

❶ Don't forget to leave out *ein/eine* when giving someone's profession. ▷ D1
❷ Here *erst 19* means 'only 19'.
❸ Use **adjectives** with correct endings where necessary.
❹ You can either say *im Jahr 1979* or just *1979*.
❺ Both verbs take *sein*.
❻ *Früher* is useful to introduce an idea about what happened or used to happen in a different generation.
❼ Remember the word order when beginning sentences with phrases like *Ohne Zweifel …*
❽ **Relative clause** – check the word order: *das Tor, das er … geschossen hat.*
❾ Learn these useful little phrases: *immer noch* (still), *bis jetzt* (so far, for the time being), *eines Tages* (one day).
❿ Use *bei* + **dative** when writing about the company or club someone works or plays for. ▷ D2

✎ **A** Now you write a similar article about a famous person you admire. It might be a good idea to do a little bit of research first in order to check one or two background details.

✎ **B** Now choose somebody you know well (a member of your family, a schoolfriend, a teacher) and write a similar article in which you cover the same points as in the example. It need not all be truthful!

HILFE

Ich interessiere mich Er/Sie interessiert sich	sehr für	Fußball. Musik. Theater.

▷ B10

Mein Lieblingssänger Meine Lieblingsgruppe	ist … heißt …

Meine Lieblingssänger Meine Lieblingsgruppen	sind … heißen …

Früher hat er/sie	bei Bayern München gespielt. als Krankenschwester gearbeitet.

Er/Sie hat mit	fünfzehn achtzehn	zum ersten Mal für Stretton gespielt. einen Film gedreht.

Er/Sie ist in Schottland geboren, aber in Stretton	aufgewachsen. groß geworden. zur Schule gegangen.

Ohne Zweifel war	sein ihr	größter Erfolg	das Tor, das er … geschossen hat. der Film, den sie … gedreht hat.

unit two

Higher Tier

17 Then and now

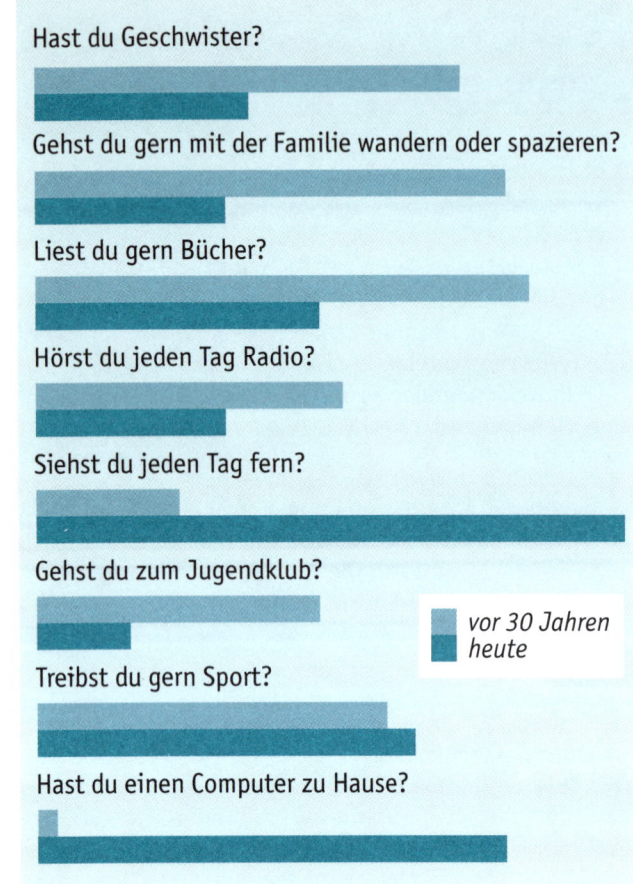

Du schreibst einen Artikel auf Deutsch für ein Jugendmagazin. Mit Hilfe dieser Statistik und mit den Fragen schreib einen Artikel mit dem Titel: „Die Jugend von gestern und heute".
- Was haben Teenager vor 30 Jahren in ihrer Freizeit gemacht?
- Wie ist das Leben für Teenager heute?
- War das Leben für Teenager vor 30 Jahren besser als heute?

❶ Vor dreißig Jahren war das Leben für Teenager anders als heute. Die Familien waren größer ❷ und ❸ die meisten Kinder hatten Brüder oder Schwestern als Spielkameraden. Am Wochenende machte die ganze Familie eine Wanderung oder einen Spaziergang im Park, abends spielte man Karten oder man las Bücher. Im Jugendklub konnten Teenager andere junge Leute aus der Nachbarschaft kennen lernen. Dort konnten sie miteinander sprechen, Musik hören und auch Sport treiben.

❶ Teenager sind heute vielleicht individueller. Es gibt viel mehr Einzelkinder als früher und sie müssen deshalb oft alleine am Computer spielen und lernen. Aber durch den Computer kann man Informationen über alle Themen bekommen - viel praktischer und interessanter als in Büchern! Das Fernsehen ist heute wichtiger als das Radio und die meisten Teenager gehen nicht in den Jugendklub. Sport treiben sie entweder ❹ in der Schule oder in neuen Sportzentren.

❶ Ich bin der Meinung, dass das Leben für Teenager heute viel besser ❸ ist ❺ als vor dreißig Jahren. Durch Computer und Fernsehsendungen kann man alles über die Welt lernen und wir haben heute die Möglichkeit viele neue, aufregende Sportarten wie Skifahren oder Inline-Skating auszuprobieren.

Tips

❶ Set out your article in three paragraphs: the past; the present; your opinion.
❷ Try to draw simple conclusions from the statistics: bigger families? fewer computers?
❸ Make comparisons: *die Familien waren größer ..., praktischer als, wichtiger als ...*
❹ Give more than one possibility by using *entweder ... oder ...* or *nicht nur ..., sondern auch ...*
❺ Decide whether you think life is better for teenagers now than it was then.

Now you write an article giving your views about the differences represented by the statistics. You might want to take the opposite view or give different explanations for the findings.

HILFE

Früher In den sechziger Jahren		gab es ...
Die meisten	Kinder Familien	sind ... haben ...
Teenager	konnten durften mussten	damals ... (+ infinitive)
Ich bin der Meinung, Ich glaube/finde,		dass ...

Personal and social life

18 Project work

▶ *Du machst eine Projektarbeit in der Schule über „Sport in Deutschland". Du schreibst einen Brief an den Direktor des Olympiaparks in München um Informationen zu bekommen.*

Dein Brief muss folgende Punkte erwähnen.
- *Sag, wie du die Adresse des Direktors bekommen hast.*
- *Sag, wer du bist und warum du schreibst.*
- *Stell Fragen über das Olympiastadion – wie alt? wie groß? wie viele Sportarten? Öffnungszeiten? Eintrittspreise? Bus- oder U-Bahnverbindungen?*
- *Frag, was es dort für Jugendliche gibt.*
- *Sag, dass du gerne ein paar Fotos für dein Projekt haben möchtest.*
- *Sag, dass du einen adressierten Umschlag beigelegt hast.*

Bradford, den 25. Oktober

❶ Sehr geehrte Damen und Herren,

meine Lehrerin hat mir Ihre Adresse gegeben. Mein Name ist June Taylor und ich besuche eine Gesamtschule in Bradford. ❷ Zur Zeit schreibe ich eine Projektarbeit über Sport in Deutschland und ich möchte einige Informationen über den Münchener Olympiapark. ❸ Ich wäre Ihnen sehr dankbar, wenn Sie mir ein paar Fragen beantworten könnten.

❹ Ich möchte gern wissen, wann das Stadion gebaut wurde und wie groß es ist. Wie viele Sportarten kann man dort machen? Gibt es ein Schwimmbad, ein Eisstadion, eine Turnhalle? Wie sind die Öffnungszeiten? Ist der Olympiapark jeden Tag geöffnet? Was kostet der Eintritt? Gibt es eine Ermäßigung für Jugendliche? Gibt es auch Sportunterricht für Jugendliche und kann man als Mitglied eines Sportklubs in einer Mannschaft spielen?

❺ Ich danke Ihnen im Voraus für diese Informationen. Ich würde mich freuen, wenn Sie mir ein paar Fotos vom Olympiapark schicken könnten.
❺ Ich habe einen adressierten Umschlag beigelegt.

❺ Mit freundlichen Grüßen,

June Taylor

Tips

❶ This is a formal letter, so don't forget to start the letter correctly, and use the *Sie* form throughout.
❷ Say what you are doing at school at the moment.
❸ Say that you would be grateful if you could have the answers to a few questions.
❹ Say what you would like to know.
❺ Learn a few common phrases to close a formal letter, e.g. Thanking you in advance …, I enclose a self-addressed envelope …, Yours faithfully, … ▷ p9

✎ Now you write a similar letter, asking appropriate questions. The project for which you want information could be:

a *Einkaufszentren in Deutschland* – write to the director of a large shopping complex
b *Schulen in Deutschland* – write to the director of a large school
c *Kinos in Deutschland* – write to the director of a large cinema complex.

HILFE

| Meine Lehrerin hat mir | Ihre Adresse / Ihren Namen | gegeben. |

| Ich möchte | einige Informationen / Auskünfte | über … |

| Können Sie mir bitte | einige Broschüren / einen Stadtplan | schicken? |

| Ich wäre Ihnen sehr dankbar, / Ich würde mich freuen, | wenn Sie … |

| Ich möchte gern wissen, wann | das Stadion / der Park / die Halle | gebaut / angelegt / eröffnet | wurde. |

▷ C2

Ich danke Ihnen im Voraus.

3 The world around us

Area of Experience C The topics covered in this unit are:

- Home town, local environment and customs
- Finding the way
- Shopping
- Public services
- Getting around

1 In town

A Look at the map of the town. Under each of the headings make a list in German of four of the buildings labelled. In each case the first one has been done for you. You may feel that some buildings could belong to more than one group.

Historic	Entertainment
Dom	Theater

Emergencies	Everyday
Polizeiwache	Post

B Now see if you can add two more buildings to each list. Use a dictionary if you need to.

2 Visitor information

▶ You have been asked to design a leaflet with information for visitors about your town or a town near you.

Du musst folgende Informationen auf Deutsch geben.
- *Sag, was es in der Stadt zu sehen gibt.*
- *Beschreib ein altes Gebäude.*
- *Sag, wo man billige Souvenirs kaufen kann.*
- *Sag, wann die Apotheke geöffnet hat.*
- *Beschreib, welche Sportmöglichkeiten es gibt.*
- *Sag, wie man am besten zum Flughafen fährt.*

Kommt nach Durham!

Es gibt das Schloss. ❶ *Der Dom ist über 900 Jahre alt.* ❷
Billige Souvenirs kann man am Marktplatz kaufen. ❸
Die Apotheke hat jeden Tag bis 19 Uhr geöffnet. ❹
Es gibt ein Sportzentrum und ein Schwimmbad in der Stadt. ❺ *Fahren Sie am besten mit dem Bus* ❻ *zum Flughafen.*

✎ Now you design an information leaflet about your own town or a town near you.

Tips
❶ You could use *es gibt* + **accusative** or *wir haben* + **accusative**.
❷ Just name an old building or say how old it is.
❸ Use the words in the question to help you.
❹ This could be 'at what times?' or 'on which days?'.
❺ *Sportmöglichkeiten* is plural, so give two examples. ▷ B10
❻ Choose an appropriate means of transport. ▷ C3

HILFE

Es gibt Wir haben Unsere Stadt bietet	den/einen Park. die/eine Galerie. das/ein Theater.		Fahren Sie am besten mit	dem Bus der Straßenbahn dem Taxi	zur Hauptpost. ins Stadtzentrum. nach Antdorf.

Die Apotheke	hat ist	jeden Tag montags bis samstags sonntags	von 8 Uhr bis 20 Uhr ab 20 Uhr	geöffnet. geschlossen.	▷ B2

Foundation Tier

3 Weather

! A Look at the weather information above. Write a list of four European cities and the weather there.

> Berlin: es regnet/Regen
> ....
> ....

! B Now try and complete the rest of the list.

4 Carnival time

▶ You are designing a poster for an outdoor *Fasching* party at school. (*Fasching* or *Karneval* is Shrovetide, the week leading up to Ash Wednesday.)

Du musst folgende Informationen auf Deutsch geben.
- Sag, an welchem Tag und um wie viel Uhr die Party stattfindet.
- Sag, wo man sich trifft:
  a bei gutem Wetter
  b bei schlechtem Wetter.
- Sag, was man zu trinken mitbringen soll.
- Sag, was es zu essen gibt.
- Sag, welche Kleidung man zur Faschingsparty tragen soll.

Faschingsparty mit Feuerwerk!
am Dienstag, 16. Februar ❶
um 18.00 Uhr ❶
bei gutem Wetter: auf dem Schulhof ❷
wenn es regnet: in der Aula
bitte bringt eine Flasche Cola mit ❸
zum Essen: Pfannkuchen ❹
Kleidung: Piratenkostüm ❺

Tips

❶ Don't forget: use *am* for days, *um* for times. ▷ B2
❷ It's an outdoor party, so you could say 'in front of …' or 'behind …'. ▷ C5
❸ Notice how to give the *ihr*-form command. This is used when you want to address more than one person you are on *du*-terms with, e.g. a group of school-friends.
❹ It needn't be just pancakes! The Germans often eat doughnuts (*Berliner/Krapfen*). ▷ A7
❺ *Fasching* is traditionally a time for fancy dress and disguises, so think of a theme for your party.

! A Now you design a poster for *Fasching*.

! B Design a poster for a different occasion – *Weihnachten* (Christmas), *Silvester* (New Year's Eve) or *Geburtstag* (a birthday).

HILFE

Bei	gutem schönem	Wetter.
	Regen/Schnee/Nebel/Wind.	

Wenn es	regnet. schneit.	
	neblig windig	ist.

Bitte bringt	eine Flasche einen Kuchen	mit.

unit three

Foundation Tier

5 Street signs

! The symbols above are all to be found in most towns and are useful when giving directions. Complete as many as you can without using a dictionary. In each case the first letter is given for you.

F _ _ _ _
B _ _ _ _ _
A _ _ _ _
K _ _ _ _ _
K _ _ _ _ _ _ _ _ _
K _ _ _ _ _ _ _ _ _ _ _
B _ _ _ _ _ _ _ _ _ _ _
B _ _ _ _ _ _
U _ _ _ _ _ _ _ _ _ _
T _ _ _ _ _ _ _ _ _ _ _ _ _ _
B _ _ _ _ _ _ _ _ _ _
S _ _ _ _ _ _ _ _
T _ _ _ _ _ _ _ _
T _ _ _ _ _ _ _ _

6 Directions

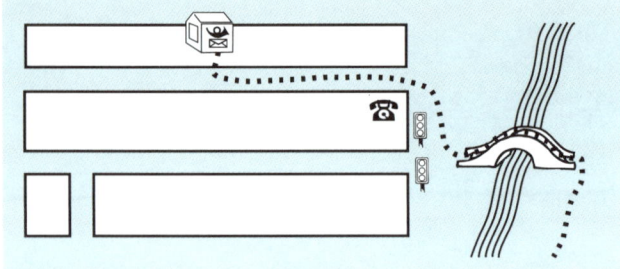

▶ You are explaining to your German friend how to get from your house to the post office. Look at the plan above and write accompanying instructions using each of the symbols.

❶ *Du gehst geradeaus.* ❷ *Dann nimmst du die erste Straße links. Du gehst über die Brücke.* ❷ *An der* ❸ *Ampel gehst du nach rechts und an der* ❸ *Telefonzelle gehst du nach links. Die Post ist 100 Meter weiter auf der rechten Seite.*

Tips
❶ Either use the *du*-form of the verb or give the *du*-form command.
❷ Be careful with the word order when you start the sentence with *dann* or *an der Ampel*.
❸ Remember to use *an* + **dative** to say 'at the lights' or 'at the telephone box' etc. ▷ C1

! Using the symbols on this page, invent three small diagrams showing how to get from your house to:

a the bus-stop
b the supermarket
c the station
d another landmark.

Write accompanying instructions for each one.

HILFE

Du gehst Geh	hier	immer geradeaus. bis zur Ampel. über die Brücke.		▷ C1

Du nimmst Nimm	die	erste zweite nächste	Straße	rechts. links.

▷ C5

An der Ampel Am Fluss	gehst du geh	nach	rechts. links.	▷ C5

Die Post ist	100 Meter ein bisschen weiter	nach der Bushaltestelle.		
		auf der	linken rechten	Seite.

38 The world around us

Foundation Tier

7 Department store

A You are in a department store. Make a list of four things you could expect to find under each of these headings in the store directory. In each case the first one has been done for you.

Herren-bekleidung	Schreibwaren/ Foto	Küche/ Elektrogeräte
Hemd	Kuli	Teekanne

B Now see how many more articles you could add to each list. Don't forget to check spellings in your dictionary.

8 Winter sales

▶ Your task is to design a Winter Sales poster (*Winterschlussverkauf*) for a department store. Choose any three items from the lists at the beginning of this page.

Du musst folgende Informationen auf Deutsch geben.
- Sag, in welcher Abteilung der Artikel zu finden ist.
- Beschreib jeden Artikel.
- Sag, was jeder Artikel kostet.

Jetzt im Winterschlussverkauf

❶ In der Herrenabteilung: weiße Hemden ❷ aus Seide ❸ – nur DM 30,- ❹
❸ In der Schreibwarenabteilung: 3 Kulis – ❷ rot, grün, blau – jetzt nur DM 1,99 ❹
In der Küchenabteilung: Teekanne aus Glas ❸ – stark reduziert – DM 15,- ❹

Now you design a poster for the Winter Sales, choosing three different items from your lists at the beginning of this page.

CHECKLIST
✓ Think about what each item is made of, its colour, its price etc.

Tips
❶ If you want to make up a different department you could just use in *der ~abteilung*.
❷ Remember to use plural forms where appropriate.
❸ You could give information about colour, size, quantity, make or say what it is made of.
❹ Use a phrase like *jetzt nur DM ...* or *stark reduziert* to suggest a bargain price.

HILFE

in der	Herrenabteilung Kinderabteilung Sportabteilung	weiße Hemden eine rote Mütze ein Kochtopf eine Teekanne	aus Seide aus Wolle aus Aluminium aus Glas	▷ C7 ▷ C9

unit three

Foundation Tier

9 Shopping lists

A Under each of the different shop signs below, give the German for four more items you would expect to be able to buy there. In each case an example has been given for you.

B Now re-write your lists, this time choosing an appropriate quantity or packaging for each item from the HILFE box below.

z. B. *eine Tube Tomatenmark*

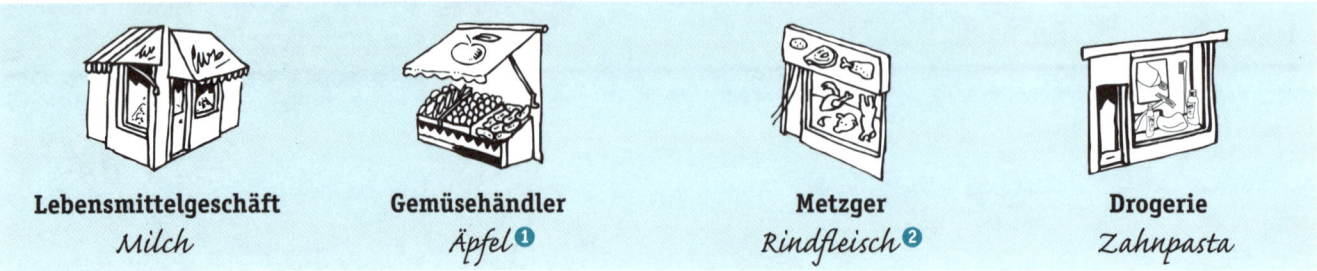

Lebensmittelgeschäft — *Milch*
Gemüsehändler — *Äpfel* ❶
Metzger — *Rindfleisch* ❷
Drogerie — *Zahnpasta*

Tips

❶ Think about whether or not to use plural forms here.
❷ You could just say 'meat' or 'sausages', or you could try to learn two or three different types of meat or sausages. ▷ A10

HILFE

eine Dose Sardinen	eine Tube Tomatenmark
eine Packung Kekse	ein Glas Marmelade
eine Flasche Wein	ein Stück Seife
eine Tafel Schokolade	eine Schachtel Streichhölzer
ein Kilo Äpfel	200 Gramm Aufschnitt
ein Liter Milch	eine Tüte Chips

10 Message

▶ You are writing a message for your German friend who wants to go to the shops for you.

Du musst folgende Informationen auf Deutsch geben.
- *Sag, was er/sie für heute Abend kaufen soll.*
- *Sag, wo man am besten einkaufen kann.*
- *Beschreib, wo das ist.*
- *Sag, was du von der Post brauchst.*
- *Beschreib, wie man dahin kommt.*
- *Sag, wo das Portemonnaie ist.*

Hallo, Kristian!
Kannst du für heute Abend bitte 6 Eier und eine Dose ❶ *Champignons kaufen? Am besten* ❷ *gehst du zum Supermarkt. Der Supermarkt ist direkt* ❸ *an der Bushaltestelle. Ich brauche auch* ❹ *5 Briefmarken. Die Post ist* ❺ *nur 100 Meter weiter auf der rechten Seite. Mein Portemonnaie liegt auf dem Tisch.* ❻
Danke, Karima

Tips
❶ Try to practise giving quantities or packaging with each item.
❷ Check the word order after *am besten* here.

❸ Or you could say it's 'near' or 'opposite' or 'between' other shops or places in the town. ▷ C1
❹ What else could you get at the post office?
❺ Give simple directions from there. ▷ C5
❻ Or say which room, or where in a room. ▷ A3

Now you write the message and draw a plan labelled in German to go with your directions.

HILFE

| Der Supermarkt ist | an der Bushaltestelle. neben der Bank. gegenüber der Post. zwischen dem Lebensmittelgeschäft und dem Metzger. |

▷ C1

| Die Post ist | ein bisschen weiter | auf der rechten Seite. an der Ecke. |
| | in der ersten Straße links. | |

| Mein Geldbeutel | ist liegt | im Wohnzimmer in der Küche | auf dem Tisch. auf der Waschmaschine. |

40 The world around us

Foundation Tier

11 Transport

How many of these methods of transport can you name in German? How environmentally friendly is each one? List them under the headings *umweltfreundlich* or *umweltfeindlich*. You may feel that they could belong to either column. Try to justify your choice.

umweltfreundlich	umweltfeindlich

12 Crossing town

▶ Your German friend Gabi wants to visit another member of her exchange group who is staying on the other side of town. Look at the map below and write down in German some directions to get there by public transport.

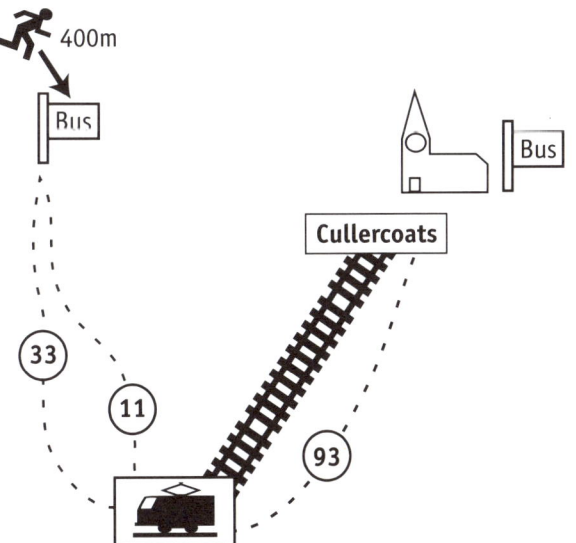

Du musst folgende Informationen auf Deutsch geben.
- *Beschreib, wie sie von deinem Haus zu ihrem Freund fährt. Gib alle Möglichkeiten an.*
- *Sag, welche Möglichkeit am schnellsten ist.*

> *Du gehst geradeaus ungefähr 400 Meter bis zur Bushaltestelle. Dann fährst du entweder ❶ mit der Buslinie ❷ 33 oder mit der Linie 11 zum Hauptbahnhof. Am Bahnhof steigst du um. Du fährst dann entweder mit dem Zug oder mit der Buslinie 93 nach ❸ Cullercoats. Dort steigst du an der Kirche aus. Mit dem Zug fährst du am schnellsten.*

Tips

❶ Use *entweder … oder* to give two possibilities.
❷ If you write *Buslinie, Straßenbahnlinie* etc. as one word, then it will always be feminine, e.g. *mit der Buslinie 33, mit der Straßenbahnlinie 7*.
❸ Don't forget: as a general rule, *nach* is used with geographical place names, *zum* and *zur* with buildings.

Now practise by drawing three plans and describing the route in German. You can use any means of transport you like!

HILFE

Fahr Du fährst	mit der Buslinie 15 mit der Straßen- bahnlinie 7 mit dem Zug	zur Kirche. nach Cullercoats. zum Haupt- bahnhof.

▷ C1

Steig Du steigst	am besten	am Bahnhof an der Kirche	aus. um.

Fahr Du fährst	entweder mit dem Bus oder mit dem Zug.

Mit	dem Zug dem Bus	fährst du fährt man	am schnellsten. am besten.
Zu Fuß		gehst du	am billigsten.

▷ C3

unit three

Overlap (Foundation/Higher Tier)

13 A new house

Du bekommst einen Brief von deinem deutschen Austauschpartner. Er stellt Fragen über deinen neuen Wohnort und das Wetter dort.

> und beschreib mal, wo du wohnst. Wohnst du jetzt in einem Dorf oder in der Stadt? Was gibt es dort zu sehen? Wie ist das Wetter bei euch? Was machst du, wenn das Wetter schlecht ist?
>
> Viele Grüße, Erik

Schreib eine Antwort auf den Brief. Du musst folgende Informationen auf Deutsch geben.
- Beschreib, wo du jetzt wohnst.
- Sag, warum dein neuer Wohnort besser ist als der alte.
- Sag, was du nicht so gut findest.
- Beschreib, was es dort zu sehen gibt.
- Sag, wie das Wetter ist.
- Sag, was du machst, wenn das Wetter schlecht ist.
- Beschreib deine Pläne für das Wochenende.
- Stell Fragen über die Stadt deines Austauschpartners.

> Hallo, Erik!
>
> Wir wohnen jetzt ziemlich außerhalb der Stadt – ❶ etwa 15 km entfernt – in einem hübschen Dorf. Ich finde es viel besser ❷ hier, weil unser Haus größer ist, und ich kann fast jeden Tag angeln gehen. Aber manchmal ist es sehr ruhig und meine Freunde wohnen alle in der Stadt. Der Fluss ❸ ist sehr schön und das kleine Gasthaus im Dorf ist über 250 Jahre alt. Heute ist das Wetter sehr gut – kalt, aber sonnig. Wenn es regnet, ❹ fahren wir oft in die Stadt. Dort wohnt meine Tante. Nächstes Wochenende machen ❺ wir eine Bergwanderung. ❺ Wir werden in der Jugendherberge übernachten.
>
> Wie groß ist deine Stadt? Gibt es viele Sehenswürdigkeiten?
>
> Schreib bitte bald, dein Oliver

Tips

❶ Don't forget to give more than one piece of information.
❷ Use a simple comparative, e.g. *besser, größer, schöner, ruhiger*.
❸ Or you could use *es gibt …* or *wir haben …*, but if you do, don't forget to use the **accusative** after these phrases.
❹ Check the word order here: *wenn es regnet, fahren wir …*
❺ You can use the **present tense** or the **future tense** (*werden* + **infinitive**).

✎ Now you write a similar letter in which you describe a move to a new house, e.g. from a town to the seaside or from the countryside to a large town.

HILFE

| Wir wohnen | ziemlich außerhalb
in der Mitte
in einem Vorort | der Stadt. | ▷ C5 |

| Wenn | es regnet,
es schneit,
das Wetter schlecht ist, | fahren wir in die Stadt.
bleiben wir zu Hause. |

| Der Fluss
Das kleine Gasthaus | ist | schön.
alt. |

| Es gibt
Wir haben | einen schönen Fluss.
ein kleines altes Gasthaus. |

| Ich werde
Wir werden | eine Wanderung machen.
in der Jugendherberge übernachten. |

14 Invitation

▶ *Du bekommst eine Einladung von deiner deutschen Austauschpartnerin. Sie fragt, ob du Lust hast Weihnachten bei ihr in Deutschland zu verbringen.*

> Wenn du möchtest, kannst du Weihnachten bei uns in Berlin verbringen. Es wird dich vielleicht interessieren zu sehen, wie die Berliner feiern. Was meinst du? Hast du Lust?
>
> Deine Ulrike

Schreib eine Antwort auf die Einladung. Du musst folgende Informationen auf Deutsch geben.
- *Schreib deine Reaktion auf die Einladung.*
- *Sag, dass du die Einladung gern annimmst.*
- *Sag, wie und wann du fahren willst.*
- *Stell Fragen über das Weihnachtsfest in Deutschland.*
- *Beschreib, wie deine Familie normalerweise Weihnachten feiert.*
- *Beschreib, was für Geschenke du für deine Familie gekauft hast.*
- *Stell Fragen über das Wetter zu Weihnachten in Berlin.*

> Liebe Ulrike,
>
> vielen Dank für die nette Einladung, die ich heute Vormittag erhalten habe. Es hat mich sehr gefreut ❶ und ich verbringe gern ❷ eine Woche bei dir. Es würde auch viel Spaß machen ❸, Weihnachten in Deutschland zu feiern. Die Schule ist am 18. Dezember aus. Ich könnte ❹ also mit dem Flugzeug am 19. oder am 20. Dezember nach Berlin fliegen.
>
> Was macht ihr zu Weihnachten ❺ in deiner Familie? Gibt es ein großes Essen? Bei uns gibts immer Truthahn und viel Gemüse. Und Weihnachtskuchen natürlich!
>
> Für meine Mutter habe ich dieses Jahr ein neues Kochbuch gekauft und meinem Vater schenke ❻ ich eine Krawatte aus Seide.
>
> Wie ist das Wetter bei euch zu Weihnachten? Gibt es immer Schnee?
>
> Alles Liebe,
> Julia

Tips
❶ Give your reaction by saying thank you and *es hat mich sehr gefreut*.
❷ To say 'I would like to spend …' needn't be complicated – use *ich verbringe gern …*
❸ This is how to say 'it would be fun to …'.
❹ Use either 'I can fly …' (*ich kann … fliegen*) or 'I could fly…' (*ich könnte … fliegen*).
❺ Notice how to say 'at Christmas' – *zu Weihnachten*.
❻ *Schenken* + **dative** means to give something as a present to somebody.

A Now you write a reply accepting Ulrike's invitation but using different ideas.

B Now re-write your letter, this time saying that you are unable to accept the invitation and explaining why.
▷ p8

C Using some of what you have already written for the previous two tasks, write a letter to Ulrike inviting her to spend Christmas at your house and telling her something about the way your family normally celebrates.

HILFE

| Vielen Dank für | die Einladung, …
 deinen Brief, …
 das Geschenk, … |

| … die ich
 … den ich
 … das ich | heute <br> gestern | bekommen <br> erhalten | habe. |

| Es würde viel Spaß machen, | Weihnachten bei euch <br> eine Woche in Berlin | zu verbringen. |

| Leider | kann ich diesen Sommer nicht kommen.
 muss ich deine Einladung ablehnen. |

| Es tut mir Leid
 Ich bedaure es sehr,
 Nimm es mir bitte nicht übel, | aber | mein Vater ist krank.
 ich habe nicht genug Geld.
 wir fahren im Juli nach Amerika. |

| Ich könnte
 Wir könnten | entweder am 19. oder am 20. Dezember <br> mit der Bahn oder mit dem Bus | fliegen.
 fahren. |

| Was macht ihr | zu Weihnachten?
 zu Ostern? | ▷ B2 |

| Ich schenke | meinem Vater <br> meiner Mutter | eine Krawatte.
 ein Kochbuch. |

Overlap (Foundation/Higher Tier)

15 Visiting Germany

▶ Du bekommst eine Postkarte von deiner Austauschpartnerin. Sie will wissen, ob du schon Pläne für die Reise nach München nächsten Monat gemacht hast.

> Liebe Rachel,
> hoffentlich gehts dir jetzt besser. Hast du dein Ticket für die Reise nach München schon gebucht? Wie fährst du eigentlich, mit der Bahn oder mit dem Flugzeug? Sag uns Bescheid, dann können wir dich entweder vom Bahnhof oder vom Flughafen abholen. Fährst du zum ersten Mal allein?
> Bis bald,
> Monika

Schreib eine Antwort auf die Postkarte. Du musst folgende Informationen auf Deutsch geben.
- Sag, wie es dir jetzt geht.
- Beschreib, welche Pläne du für die Reise nach Deutschland gemacht hast.
- Sag, warum du mit dem Flugzeug/mit der Bahn fahren willst.
- Beschreib die Reise nach München: Abfahrt, Umsteigen.
- Sag, wann du in München ankommen wirst.
- Sag, ob man dich abholen soll.
- Sag, ob du schon einmal allein gefahren bist.

> Liebe Monika,
> danke für deine Karte – es geht mir jetzt viel besser. ❶ Heute habe ich nur noch Schnupfen. Ich habe schon eine Fahrkarte reserviert: Ich werde ❷ mit dem Auto nach Manchester fahren und dann mit dem Flugzeug nach München fliegen. ❸ Ich konnte ein relativ billiges Flugticket kaufen – außerdem dauert die Reise mit der Bahn viel zu lang. Wir müssen das Haus um 6.00 Uhr verlassen, denn der Abflug ❹ ist um 9.30 Uhr. Ich muss nicht ❺ umsteigen. Um 10.30 Uhr werde ich schon in München sein. ❻ Ich würde mich freuen, wenn ihr mich vom Flughafen abholt. Mein Koffer ist ziemlich groß! Ich bin schon einmal allein gefahren, aber nur von Leeds nach London. Ich bin ein bisschen aufgeregt!
> Bis bald, alles Liebe,
> Rachel

Tips
❶ Don't forget to give two details.
❷ You could practise using the future tense: *ich werde ... fahren*.
❸ *Ich konnte ... kaufen* means 'I was able to buy ...'.
❹ For trains use *die Abfahrt*, for planes use *der Abflug*.
❺ Notice how to say 'I don't need to ...' or 'I don't have to ...': *ich muss nicht ...*
❻ You could use this phrase to say: 'I would be delighted if ...' or you could simply ask the question: *Könnt ihr mich abholen?*

✎ Now you write a similar reply to Monika's postcard, but make up a different route and give different details.

HILFE

Ich habe nur noch	Schnupfen. Kopfschmerzen. Halsschmerzen.	▷ A13

Ich konnte	ein billiges Ticket kaufen. einen Platz reservieren. meine Fahrpläne ändern.

Der Abflug Die Abfahrt Die Ankunft	ist	vormittags nachmittags abends	um	10 Uhr. 15 Uhr. 20 Uhr.

Könnt ihr Kannst du	mich bitte	vom Flughafen vom Bahnhof	abholen?

Overlap (Foundation/Higher Tier)

16 Left behind

▶ *Du hast deinen Fotoapparat in einem Hotel in der Schweiz liegen lassen. Du schreibst einen Brief an den Manager des Hotels. Du musst folgende Informationen auf Deutsch geben.*

- *Sag, wann du im Hotel übernachtet hast.*
- *Beschreib, welches Zimmer du hattest.*
- *Sag, was du dort liegen lassen hast. Wo genau?*
- *Beschreib deinen Fotoapparat.*
- *Sag, wie man dich per Telefon/per Fax/per E-Mail erreichen kann.*
- *Sag, was du tun wirst, wenn der Manager deinen Fotoapparat gefunden hat.*
- *Bedank dich.*

Manchester, den 14. September

Sehr geehrte Damen und Herren,

letzten Monat habe ich vom 25. bis 27. August ❶ drei Nächte in Ihrem Hotel verbracht. Die Zimmernummer habe ich leider vergessen, aber das Zimmer war im dritten Stock ❷ neben dem Lift und mit Blick auf den See. Dummerweise habe ich meinen Fotoapparat entweder im Kleiderschrank ❸ oder unter dem Bett liegen lassen ❹. Der Apparat ist in einer blauen Tasche und ist von der Marke *Olympus*. ❺

❻ Ich würde mich freuen von Ihnen zu hören. Ich bin täglich ❼ ab 18 Uhr unter der Telefonnummer ❽ +44 161 274 5583 zu erreichen oder Sie können ein Fax unter derselben Nummer schicken.

❾ Selbstverständlich werde ich die Unkosten für die Zusendung des Fotoapparats tragen.

Ich danke Ihnen im Voraus für Ihr Entgegenkommen.

Mit freundlichen Grüßen ❿

Alan Peel

Tips

❶ Notice how to give the exact period you were there: *vom 25. bis 27. August*.
❷ If you can't remember the room number you could say which floor, how many beds, what was next door or opposite etc.
❸ To describe where you left something use a **preposition** + **dative**, e.g. *auf dem Tisch, unter dem Bett, in der Schublade*. ▷ A4
❹ The verb *liegen lassen* means 'to leave behind'.
❺ You could give the make, the colour, say what it is made of or what is written on it: *mit der Aufschrift Olympus*. ▷ B6, C9

❻ Here's how to let someone know you would like them to get in touch with you.
❼ You could say 'in the evenings' (*abends*), 'usually' (*gewöhnlich*), or 'during the day' (*tagsüber*).
❽ Use the phrase *ich bin unter der Nummer/Adresse ... zu erreichen*.
❾ Here's how to say that you will pay for any postal expenses incurred.
❿ Remember it's a formal letter, so choose an appropriate way to finish. ▷ p9

✏ Now you write a letter reporting something you have left behind. Choose one of the items below:

a a pullover   **b** a wristwatch   **c** an expensive souvenir

HILFE

Letzten Monat / Letzte Woche / Im Sommer	habe ich	vom 25. bis 27. August ... / am 25. August ...

... drei Nächte	in Ihrer Jugendherberge / in Ihrem Hotel / auf Ihrem Campingplatz	verbracht. / übernachtet.

Das Zimmer war	im dritten Stock / neben dem Lift / mit drei Betten	mit Blick auf den See. / am Ende des Gangs.

▷ A3

Ich habe	...	auf dem Tisch / unter dem Bett / in der Kommode	liegen lassen. / vergessen.

▷ A4

Der Fotoapparat / Die Armbanduhr	ist	schwarz. / aus Metall. / von der Marke Olympus. / mit der Aufschrift Swatch.	
	hat	ein Band / einen Träger / eine Tasche	aus Leder.

▷ B6, C9

tagsüber/täglich ab 18 Uhr/abends

Ich bin	unter der Telefonnummer ... / unter der Faxnummer ... / unter der E-Mail-Adresse ...	zu erreichen.

die Unkosten / das Porto	für die	Verpackung / Zusendung	meines ... / meiner ...

unit three

Higher Tier

17 Accident report

▶ *Du bist in Stuttgart und du hast gerade einen Unfall zwischen einem blauen Mercedes und einem roten Volkswagen gesehen. Du hast diesen Plan gezeichnet und du schreibst einen Bericht für die Polizei. Du musst folgende Informationen auf Deutsch geben.*
- *Sag, wo du warst, als der Unfall passiert ist.*
- *Sag, was du vor dem Unfall gemacht hast.*
- *Beschreib, wie das Wetter war, als der Unfall passiert ist.*
- *Sag, warum der Unfall passiert ist.*
- *Beschreib deine Reaktion.*
- *Sag, ob die Fahrer sich verletzt haben.*
- *Sag, wie lange du in Deutschland bleibst.*

```
Ich war an der Straßenbahnhaltestelle❶
gegenüber der Post❶ und wartete auf❷ die
Straßenbahn. Ich habe Walkman gehört❸.
Es schneite❸ und die Straßen waren
glatt. Der blaue Mercedes❹ ist zu
schnell gefahren und ist bei Rot über
die Ampel gefahren❺. Ich bin zur
Telefonzelle gelaufen und habe die
Polizei angerufen. Der Mercedesfahrer❻
hat sich am Kopf verletzt und der
Volkswagenfahrer❻ war bewusstlos. Ich
bleibe bis übermorgen in Stuttgart —
dann fahre ich nach Schottland zurück.
```

Tips
❶ Don't forget to give two details about where you were. ▷ C1
❷ 'To wait for something' is *warten auf* + **accusative**.
❸ You can use the **imperfect** or the **perfect tense** to describe what you were doing before the accident or to describe the weather.
❹ All makes of car are masculine in German, e.g. *der VW, der Mercedes, der Opel Vectra*.
❺ You could also say what the drivers **didn't** do, e.g. 'didn't stop' (*nicht anhalten*), 'didn't indicate' (*nicht blinken*), 'didn't pay attention' (*nicht aufpassen*).
❻ Make it clear which driver you are talking about: *der Mercedesfahrer* or *der Volkswagenfahrer*.

✎ **A** Now write the report using the same prompts but with different information.

✎ **B** Draw a similar sketch of an accident and write a report using the same prompts as in the example.

HILFE

Ich	war stand	an gegenüber neben	der Haltestelle. der Wurstbude. der Post. dem Kaufhaus.	▷ C1

Ich wartete auf	den Bus. die Straßenbahn.	▷ C3

Es	schneite. regnete.		
	war	sehr kalt. glatt. neblig.	▷ C6

Der Mercedes- fahrer	ist	zu schnell über die Ampel über die Kreuzung	gefahren.
	hat	nicht	aufgepasst. angehalten. geblinkt.
		das Fahrrad nicht	gesehen.

Der Mercedes- fahrer	hat hatte	sich	am Kopf am Bein	verletzt.
	war		bewusstlos. unverletzt.	

▷ A16

Ich	bleibe werde	bis	Donnerstag morgen übermorgen zum 14. Februar	in Deutschland. hier bleiben.

Higher Tier

18 Town and country

▶ *Du liest in einem deutschen Jugendmagazin folgende Meinungen zum Thema: Stadt- oder Landleben, was ist dir lieber?*

Wir wohnen im achten Stock – das ist nicht gerade praktisch, wenn meine Mutter vom Supermarkt nach Hause kommt. Und es gibt auch viel Kriminalität in unserem Wohnblock.

Unser Dorf liegt etwa 12 km nördlich der Stadt. Busverbindungen gibt es nur viermal am Tag.

Ich brauche jeden Tag fast eine Stunde um zur Schule zu kommen. Außerdem wohnen alle meine Schulkameraden in der Stadt.

Hier auf dem Land ist es langweilig – kein Kino, keine Geschäfte, kein Sportzentrum. Ich würde lieber in der Stadt wohnen.

In der Stadt ist alles zu groß und unfreundlich. Es gibt zu viele Autos, zu viele Touristen, und in den Geschäften sind die Leute unhöflich.

Du schreibst einen Artikel für das Magazin über dieses Thema. Dein Artikel muss folgende Ideen auf Deutsch erwähnen.

- öffentliche Verkehrsmittel
- *Einkaufsmöglichkeiten*
- *Freizeitmöglichkeiten*
- *die Natur*
- *Freunde*
- *ein gesundes Leben*

❶ Es ist klar, dass das Stadtleben ❷ ❸ für die meisten Leute praktischer ist als das Leben auf dem Land. Bus und Zug sind relativ billig und es gibt häufige Bus- und Zugverbindungen. Die Einkaufsmöglichkeiten in Kaufhäusern und Geschäften sind viel besser und man kann abends ins Kino oder ins Theater gehen.
❹ Aber das Leben auf dem Land bietet viel mehr: frische ❺ Luft, grüne Wälder, wunderschöne Berge und glitzernde Flüsse. In der Natur kann man angeln, reiten und wandern. Und vor allem ist das Leben viel gesünder, weil es wenig Stress und kein Fastfood gibt!
❻ Deshalb bin ich sehr zufrieden auf dem Land zu wohnen. Die Stadt ist für mich einfach zu voll. Ich habe viele Freunde im Dorf und meine Schulkameraden sehe ich sowieso jeden Tag in der Schule.

Tips

❶ Divide your article into three paragraphs.
❷ Decide which point of view you are going to support – town or country life.
❸ Begin by stating some of the arguments for the opposing point of view.
❹ Then contrast them with the arguments for your point of view.
❺ Use your dictionary to find colourful adjectives.
❻ Finish with a concluding remark or two – perhaps giving a personal comment or saying something about the future.

❗ Now you write the article. Decide which side of the argument you are going to take and make a few notes first. You may share the same points of view as in the example, but you should be prepared to illustrate your views differently.

HILFE

| Es ist klar, dass … | aber das Leben | auf dem Land in der Stadt | bietet | viel mehr … vor allem … |

| Deshalb bin ich sehr zufrieden damit | auf dem Land in der Stadt | zu wohnen. |

| Ich habe Wir haben | sowieso | viele Freunde gute Einkaufsmöglichkeiten | im Dorf. |

Higher Tier

19 Festival time

▶ *Du findest diesen Artikel im Schulmagazin deiner Partnerschule.*

> Das Oktoberfest ist das größte und älteste Volksfest der Welt. Ende September kommen Tausende von Touristen aus aller Welt um in München zu feiern. Das Fest dauert zwei Wochen und existiert seit 1810, als Prinzregent Ludwig, später König von Bayern, heiratete.
>
> Zu essen gibt es immer bayerische Spezialitäten wie Weißwurst oder Schweinshaxen und zu trinken natürlich Bier. Viele Einheimische tragen traditionelle Kleidung – die Männer Lederhose und Filzhut, die Frauen bunte Röcke und Blusen.
>
> Für Jugendliche gibt es Spiele und Preise zu gewinnen und einen riesigen Vergnügungspark mit Achterbahnen, Geisterbahnen und Karussells.
>
> Letztes Jahr bin ich mit meiner Familie auf das Fest gegangen. Ich durfte zum ersten Mal ein Glas Bier trinken. Mir war danach etwas schwindlig!

Du schreibst einen Artikel auf Deutsch für das Schulmagazin über das Thema: Traditionelle Feste in Großbritannien. Dein Artikel muss folgende Ideen auf Deutsch erwähnen.
- Wie heißt das Fest? ❶
- Wann und wo findet es statt?
- Seit wann und warum feiert man? ❷
- Gibt es etwas Besonderes zu essen oder zu trinken?
- Trägt man besondere Kleidung?
- Welche Attraktionen bietet das Fest? ❸
- Erzähl, was du letztes Jahr auf diesem Fest gemacht hast. ❹

✎ Now you write a similar article.

Tips
❶ If you don't want to write about a national festival such as Guy Fawkes' Night or Hallowe'en, you could always choose a local festival.
❷ You can say *seit 1945* or *seit 100 Jahren*.
❸ Attractions might include music and dancing, perhaps, or a funfair.
❹ Describe an incident or make one up.
● To say what you 'had to do' use *ich musste* + **infinitive**. To say what you 'were allowed to do' use *ich durfte* + **infinitive**.

HILFE

Anfang November …
Ende September …
Mitte Oktober …   ▷ B2

| Zu essen
Zu trinken | gibt es | bayerische
britische | Spezialitäten
wie … |

| Ich durfte
Ich musste | ein Glas Bier
mit dem Taxi nach Hause | trinken.
fahren. |

20 A disastrous journey

▶ *Du schreibst einen Bericht auf Deutsch über deine katastrophale Reise nach Gelsenkirchen. In deinem Bericht musst du Folgendes erwähnen:*

Wir waren alle sehr aufgeregt, als wir am Freitag, 13. Februar, unsere Schule verlassen haben. Wir sollten mit dem Bus von Stourport nach London fahren und von dort aus mit dem Flugzeug nach Frankfurt fliegen. Aber wir waren noch 80 Kilometer ❶ (50 Meilen) von London entfernt, als der Bus eine Reifenpanne hatte. Wir mussten alle aussteigen – es war furchtbar kalt – und der Busfahrer hat eine Stunde gebraucht um den Reifen zu wechseln. Deshalb haben wir unseren Flug verpasst. Wir mussten zwei Stunden im Flughafen verbringen – unsere Lehrer waren völlig genervt! Aber in Frankfurt war es noch schlimmer: ❷ Ich konnte meinen Koffer nicht finden und musste ein Formular ausfüllen. Die Busfahrt vom Frankfurter Flughafen ❸ nach Gelsenkirchen war auch furchtbar. Es schneite und auf der Autobahn gab es Glatteis. Wir haben fast anderthalb Stunden im Stau gestanden. Gegen Mitternacht sind wir endlich im Max-Planck-Gymnasium angekommen.

Tips

- Plan the outline of the story first.
- Try to depict the moods and feelings of the group as the story unfolds.
- Don't spend too long on any one detail – keep the story moving.
- Use the **imperfect tense**, especially with verbs like, *haben*, *schneien*, *regnen* and modal verbs.

- Use **modal verbs** to say what you were supposed to do (*wir sollten*), what you had to do (*wir mussten*) or what you were/weren't able to do (*ich konnte … (nicht)*).
- ❶ It's best to give distances in kilometres – 5 miles = 8 kilometres.
- ❷ The events should get worse as the journey progresses: *in Frankfurt war es noch schlimmer …*
- ❸ Notice how to say 'Frankfurt airport': *der Frankfurter Flughafen*.

✏ Now you describe a difficult or disastrous journey, perhaps one that has happened to you or someone you know. You should base your account on three key details, as in the pictures above. You might include a breakdown, missing a flight or train, losing luggage, bad weather etc.

HILFE

Der Busfahrer Der Mechaniker	hat eine Stunde gebraucht,	um den Reifen zu wechseln. um den Motor zu reparieren.

der Frankfurter Flughafen
die Kölner Altstadt
das Münchner Olympiastadion

Auf der	Autobahn	gab es	Glatteis. Nebel. Staus.
	Straße		regnete es. schneite es.

▷ C6

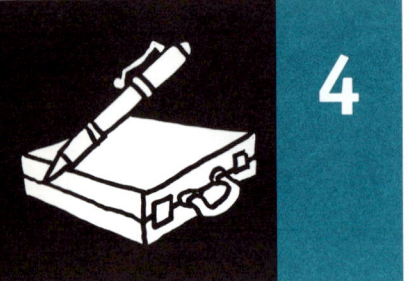

4 The world of work

Area of Experience D The topics covered in this unit are:

- Further education and training
- Careers and employment
- Advertising and publicity
- Communication

1 Job ads

A Look at the part-time jobs advertised above. In German describe two jobs which you might like to do, and two which you would definitely not apply for.

z. B. *Arbeit bei McDonald's*

✓	✗
....	....
....	....

B Now see how many of the remaining jobs you can list.

2 Kinds of work

For each of the categories of work listed below, try to find four different jobs. One has been done for you. You can use your dictionary and your imagination for the last group!

Arbeit im Freien — Briefträger/-in

Arbeit mit Menschen

Arbeit in Uniform

Traumberuf

50 The world of work

Foundation Tier

3 Job application

▶ Look at the job adverts again on page 50. Imagine you were applying for one of those jobs in Germany. You decide to fill in a form to register your interest and experience.

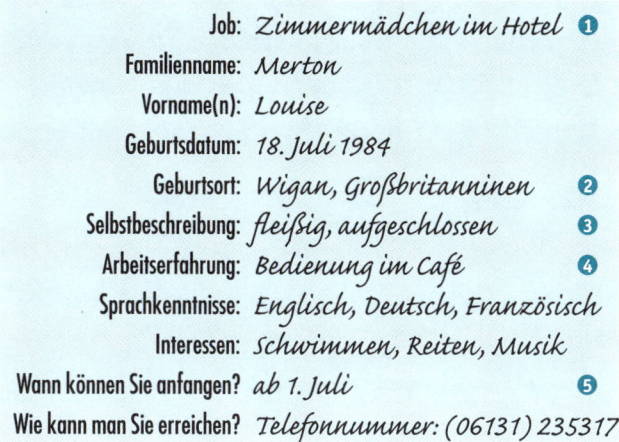

```
           Job: Zimmermädchen im Hotel   ❶
   Familienname: Merton
    Vorname(n): Louise
   Geburtsdatum: 18. Juli 1984
      Geburtsort: Wigan, Großbritanninen  ❷
Selbstbeschreibung: fleißig, aufgeschlossen ❸
  Arbeitserfahrung: Bedienung im Café     ❹
  Sprachkenntnisse: Englisch, Deutsch, Französisch
        Interessen: Schwimmen, Reiten, Musik
Wann können Sie anfangen? ab 1. Juli      ❺
Wie kann man Sie erreichen? Telefonnummer: (06131) 235317
```

A Now you choose one of the jobs in the adverts, then copy and complete the form with details about yourself.

Tips
❶ Write the German for the job you have chosen.
❷ Place of birth.
❸ Describe a couple of your positive qualities. ▷ B5
❹ Say where you have worked previously – if you haven't, write *keine*.
❺ Use *ab* to show you can start from that date.

B Choose a different job and fill in the form on behalf of one of your friends.

4 Future plans

▶ You are writing to your German friend, and in part of your letter you say what plans you have for the future.

Du musst folgende Informationen auf Deutsch geben.
- Sag, was du in der Schule gern machst.
- Sag, welche Interessen du hast.
- Sag, welchen Job du am liebsten machen möchtest.
- Sag, warum.
- Sag, welchen Job du überhaupt nicht machen möchtest.
- Sag, warum.

Meine Lieblingsfächer ❶ *sind Englisch und Sport. Ich lese gern* ❶ *und ich spiele gern Squash und Tennis. Am liebsten möchte ich bei der Polizei* ❷ *arbeiten. Ich will* ❸ *mit Menschen und im Freien arbeiten. Sekretärin oder Verkäuferin* ❹ *möchte ich überhaupt nicht werden. Die Arbeit ist zu langweilig.* ❺

Tips
❶ Notice the two different ways of saying what you like doing.
❷ Say where you want to work (*bei der Polizei*) or what job (*Polizist/-in werden*).
❸ Use *ich möchte* or *ich will* to say what you want to do.
❹ Note how most jobs done by women end with *-in*. ▷ D1
❺ *Zu langweilig* is 'too boring'.

Now you write a reply describing your own plans.

HILFE

Ich	will möchte	(überhaupt nicht) (auf keinen Fall)	bei der Polizei / bei Burger King / in einem Büro / in einer Bank		arbeiten. ▷ D2
			mit	Menschen / Kindern / Tieren	
			im Freien		
			Automechaniker/-in		werden. ▷ D1

Overlap (Foundation/Higher Tier)

5 School and future

▶ Du bekommst einen Brief von einem deutschen Freund. Er stellt Fragen über deine neue Schule und über deine Pläne für die Zukunft.

> hast du viel für deine Prüfungen gelernt? Wann geht es los? Wie viele Fächer machst du? Hast du schon eine Idee, was du nach der Schule machen möchtest?
> Schreib bitte bald,
> dein Thomas

Schreib eine Antwort auf den Brief. Du musst folgende Informationen auf Deutsch geben.
- Beschreib deine neue Schule.
- Sag, wann deine Prüfungen beginnen.
- Sag, auf wie viele Fächer du dich für die Prüfungen vorbereitest.
- Sag, was du nächstes Jahr machen wirst.
- Sag, was du als Beruf machen möchtest.
- Beschreib, warum du das machen möchtest.
- Sag, was du auf keinen Fall machen willst.
- Stell Fragen über die Pläne deines Brieffreundes.

> Lieber Thomas,
> meine neue Schule ist besser ❶ als die alte. Die Lehrer sind freundlicher. Die erste Prüfung ❷ ist im April – Französisch. Nicht mein Lieblingsfach! Ich mache insgesamt zehn Fächer – das ist wirklich zu viel. Nächstes Jahr möchte ich in die Sixth Form ❸ gehen. Ich möchte Deutsch und Englisch weitermachen und vielleicht auch Geschichte. Ich weiß nicht genau, was ich als Beruf machen will, Lehrer ❹ vielleicht oder Polizist. Aber ich will auf keinen Fall ❺ in einem Büro arbeiten – todlangweilig! Und du? Was möchtest du nach der Schule machen? Willst du auf die Uni gehen? ❻
> Bis bald!
> Dein Stephen

Tips

❶ You could make a comparison, or mention its size, buildings or position in the town, for example.
❷ Say when the first exam is, then add one more detail, e.g. which subject or when the last one is.
❸ You can use *die Sixth Form* or say you want to leave school (*die Schule verlassen*).
❹ Most jobs have a male and female form (e.g. *Lehrer/Lehrerin, Polizist/Polizistin*), so make sure you use the correct form.
❺ Here you have to say what you definitely do not want to do.
❻ You could ask about specific jobs or university.

✎ Now you write a reply giving information about your future plans.

HILFE

Nächstes Jahr Nach der Schule In zwei Jahren	will möchte	ich	in die Sixth Form auf die Uni	gehen	um	Geschichte weiterzumachen. Medizin zu studieren. ▷ A1

Ich	will möchte	eine Lehre als	Schreiner/-in Klempner/-in Mechaniker/-in	machen. ▷ D1

Ich weiß nicht genau, was ich	als Beruf nach der Schule	machen will.

Ich will	auf keinen Fall ganz bestimmt nicht	in einem Büro in einer Schule	arbeiten. ▷ D2

The world of work

6 Summer job

Du suchst einen Job in Österreich für die Sommerferien.
- *Sag, wo du die Information gesehen hast.*
- *Sag, wie du heißt und wie alt du bist.*
- *Sag, warum du dich für diesen Job interessierst.*
- *Beschreib, welche Jobs du schon gemacht hast.*
- *Sag, wann du anfangen kannst.*
- *Sag, wie lange du in Österreich bleibst.*
- *Sag, was du besonders gern machst.*

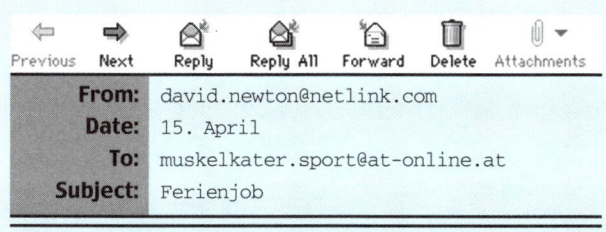

From: david.newton@netlink.com
Date: 15. April
To: muskelkater.sport@at-online.at
Subject: Ferienjob

❶ Sehr geehrte Damen und Herren,

❷ Ihre Anzeige für die Stelle im Sportgeschäft habe ich im Internet gesehen. Mein Name ist David Newton und ich bin 16 Jahre alt. Ich möchte in Ihrem Sportgeschäft arbeiten, weil ich die Sommerferien in Österreich verbringen will. Ich möchte auch mein Deutsch ❸ verbessern. Ich habe schon in einem Kaufhaus ❹ und in einem Café gearbeitet. Die Ferien beginnen bei uns am 12. Juli. Ich könnte also am 14. Juli ❺ anfangen. Ich werde ❻ bis Ende August in Österreich bleiben.
❼ Ich bin sehr sportlich: Ich wandere gern und spiele in der ersten Tennismannschaft der Schule. Ich würde mich freuen bald von Ihnen zu hören.
Mit freundlichen Grüßen,

Ihr David Newton

Tips

❶ Remember to use a formal approach for this type of correspondence.
❷ You saw the advertisement on the internet (*im Internet*), perhaps, or in a newspaper or magazine.
❸ You could say *mein Deutsch/meine Deutschkenntnisse verbessern*, or perhaps you have friends there.
❹ Give two examples of where you have worked.
❺ *Am 14. Juli* means 'on 14th July', and *ab 14. Juli* means 'from 14th July'.
❻ You can use the present tense or the future tense here.
❼ You could say you enjoy a sport, perhaps, or speaking German.

✎ Now write an e-mail along the same lines, this time using information about yourself. You will have to give different details about previous jobs, hobbies, holiday dates etc.

HILFE

Ihre Anzeige habe ich	in der Zeitung im Internet im Schaufenster	gelesen. gesehen.

Ich habe schon	in einem Café in einer Bar	gearbeitet.

Ich	spiele gern	Squash. Tennis.	▷ B10
	spreche gern	Deutsch. Französisch.	▷ A1

Ich möchte in Ihrem	Geschäft Café	arbeiten, weil ich…

…die Sommerferien in Österreich verbringen …meine Deutschkenntnisse verbessern	will. muss.

Ich	werde kann möchte	bis	Ende Anfang Mitte	Juli August	bleiben.

▷ B1

Higher Tier

7 Restaurant work

Restaurant Waldblick
Beethovenstr. 7 – 79104 Freiburg
15 Min. zum Bahnhof
~
Internationale Fisch- und Fleischspezialitäten
Weine aus aller Welt
~
Öffnungszeiten: täglich 10.30 Uhr – 14.00 Uhr
und 18.00 Uhr – 24.00 Uhr
Montags Ruhetag

▶ *Du hast in den Ferien zwei Wochen in diesem Restaurant gearbeitet. Du schreibst einen Bericht über die Arbeit und deine Erfahrungen. In deinem Bericht musst du folgende Punkte auf Deutsch erwähnen.*
- *Beschreib, wo das Restaurant ist.*
- *Sag, wie du jeden Tag zum Restaurant gekommen bist.*
- *Beschreib, wie das Restaurant war.*
- *Sag, wie deine Arbeitskollegen waren.*
- *Sag, was du dort gemacht hast.*
- *Sag, wie viel du verdient hast.*
- *Sag, was du mit dem Geld gemacht hast.*
- *Sag, welche Probleme es gegeben hat.*
- *Sag, ob du nächstes Jahr dort arbeiten wirst.*

Das Restaurant Waldblick ist in einem Wald in der Nähe ❶ von Freiburg, nicht weit vom Bahnhof entfernt. Ich bin meistens mit dem Fahrrad ❷ zur Arbeit gefahren – nur bei schlechtem Wetter bin ich mit dem Bus gefahren. Das Restaurant war ❸ sehr schön und die Fisch- und Fleischspezialitäten waren besonders empfehlenswert. Meine Arbeitskollegen waren ❹ freundlich und hilfsbereit. Sie haben mir viel Deutsch beigebracht. Ich habe immer den Abwasch gemacht ❺, aber manchmal durfte ich auch beim Kochen helfen. Ich habe DM 12,50 die Stunde ❻ verdient – insgesamt mehr als DM 1000. Nicht schlecht! Mit dem Geld konnte ich eine Reise in die Alpen ❼ machen. Am letzten Tag ist mir noch etwas Schlimmes passiert: ❽ Aus Versehen ❾ habe ich für die Suppe Zucker genommen und nicht Salz. Wie peinlich! ❾ Ich glaube, nächstes Jahr werde ich dort nicht mehr arbeiten.

Tips

❶ You could say *in der Nähe* or *nicht weit von*, or give a distance from the town, e.g. *5 km nördlich der Stadt*.
❷ By bicycle or tram? Remember to use *mit* + **dative** unless you're on foot (*zu Fuß*).
❸ You could describe the building, the view or the food, perhaps.
❹ You might mention their nationality, if they were young or old, friendly or not.
❺ Washing up, serving, cooking, cleaning etc.
❻ Notice how to say 'DM 12,50 per hour': *DM 12,50 die Stunde/pro Stunde*.
❼ A holiday, perhaps, or an expensive meal.
❽ You could say that you injured yourself or that you lost something important, for example.
❾ Two useful expressions: *aus Versehen* (by mistake), *wie peinlich!* (how embarrassing!).

A Now write the report yourself using different ideas.

B Write a report on similar lines using one of the jobs advertised on page 50 as the starting point.

HILFE

Das Restaurant ist	in der Nähe	eines Walds. einer Baustelle.
	nicht weit	vom Bahnhof.
	5 km nördlich außerhalb	der Stadt.

▷ C5

Ich bin	immer meistens	mit dem Fahrrad mit dem Bus	zur Arbeit gefahren.

▷ C3

Der Fisch war Die Pizzas waren	(nicht) besonders	gut. empfehlenswert.
Der Fisch hat Die Pizzas haben	(nicht)	geschmeckt.

▷ A5

Meine Kollegen	waren	sehr äußerst	hilfsbereit. unfreundlich.
	kamen	aus	Griechenland. der Türkei.
	waren		Griechen/Türken.

▷ B5

Ich durfte	ab und zu nie	beim Kochen helfen. im Restaurant bedienen.

Mit dem Geld konnte ich mir	eine Reise nach Österreich leisten. ein neues Fahrrad kaufen.

Higher Tier

8 What's my line?

▶ *Im Deutschunterricht macht ihr das Spiel: Was bin ich? Du beschreibst einen Beruf ohne den Job zu nennen. Die anderen müssen herausfinden, was du bist.*

Ich arbeite meistens allein und im Freien ❶. Ich arbeite in der Stadt und nicht auf dem Land. Ich habe die Schule mit 16 verlassen ❷ und habe keine Ausbildung für diesen Job. Ich habe keine regelmäßigen Arbeitszeiten ❸, aber ich kann nur tagsüber arbeiten und dann nur bei schönem Wetter. Ich bin heute um 7 Uhr aufgestanden und habe um 8.30 Uhr angefangen. Diesen Job können sowohl Männer als auch Frauen ❹ machen. Ich trage weder eine Uniform noch elegante Kleidung ❺, denn meine Arbeit ist schmutzig. Ich brauche meine Hände um zu arbeiten ❻, aber ich repariere nichts und ich verkaufe auch nichts. Das Schlimmste ❼ an meinem Job: Ich verdiene nicht so gut, ich habe oft kalte Hände und die Arbeit ist manchmal auch gefährlich. Das Beste ❼ an meinem Job: Ich sitze nicht in einem Büro und ich habe keinen Chef. Manchmal kann ich auch durch die Fenster in interessante Wohnungen schauen.

Was bin ich? *Fensterputzer*

Tips

● Think carefully about the order in which you give your clues – start with general things, save specific details for the end.
❶ Do you work indoors or outdoors? With other people or alone? In town or in the country?
❷ Do you need qualifications or training?
❸ What is your working day like – regular hours, shift work, early start?
❹ Is it a job for men, women or both?
❺ What do you wear – a uniform, special clothes, a suit and tie, a dress, a hat?
❻ What kind of work is it – manual work, selling, repairing, writing?
❼ Give the worst and the best aspects of your job – pay, holidays. Is it dangerous?

✎ Now choose one of the jobs below and write a similar description.

a *Briefträger/Briefträgerin*
b *Krankenpfleger/Krankenschwester*
c *Bauer/Bäuerin*
d *Lehrer/Lehrerin*

HILFE

| Ich arbeite | meistens / immer / nicht | im Freien. / in der Stadt. / auf dem Land. | ▷ D2 |

| Ich arbeite | meistens / immer / nicht | allein. / mit anderen Menschen. |

| Ich habe | die Schule mit 16 verlassen. / eine Lehre gemacht. |
| | an der | Berufsschule / Universität | studiert. |

| Ich | habe (un)regelmäßige Arbeitszeiten. / mache Schichtarbeit. |
| | kann nur tagsüber / muss nachts | arbeiten. |

| Ich brauche | meine Hände / mein Auto | um zu arbeiten. |

| Ich | repariere / verkaufe | nichts. / etwas. |

| Diesen | Job / Beruf | machen sowohl | Männer / junge Leute | als auch | Frauen. / ältere Leute. |

| Ich verdiene | gut/nicht schlecht. / nicht besonders gut. |

| Ich trage | weder / entweder | eine Uniform / Hut / einen Anzug / einen Rock | noch / oder | elegante Kleidung. / Krawatte. / eine Jacke. / eine Hose. |

▷ C7

unit four

5 The international world

Area of Experience E The topics covered in this unit are:

- Life in other countries/communities
- Tourism
- Accommodation
- The wider world

1 Countries

GB (E) F I
GB (W) D E
GB (S) A NL
IRL CH USA

A Look at the countries represented by the pictures above. Write the name in German for four of them. How many of the others can you also write accurately?

z. B. *Frankreich*

B Next to each of the countries you recognised above write the word you would use to describe something which comes from that country.

z. B. *Frankreich – französisch*

2 Advertising poster

▶ You are going to design an advertising poster to attract people to spend their holidays in one of the countries listed above.

Dein Poster muss folgende Informationen zeigen.
- *Beschreib das Wetter dort.*
- *Sag, was man in diesem Land besuchen kann.*
- *Sag, was es dort Typisches zu essen gibt.*
- *Sag, wie man am besten dorthin fährt.*
- *Beschreib, was man als typisches Souvenir kaufen kann.*

FAHREN SIE NACH ITALIEN! ❶❷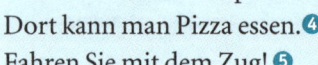
Es ist immer sonnig.
Besuchen Sie die Hauptstadt Rom! ❸
Dort kann man Pizza essen. ❹
Fahren Sie mit dem Zug! ❺
Kaufen Sie eine Flasche Wein! ❻

Tips

❶ In this task you are going to be giving commands using the *Sie*-form – this is just the same as asking a question in the *Sie*-form.
❷ Remember to use *nach* for all countries which are neuter (e.g. *Frankreich*), and *in die* for feminine or plural countries (e.g. *Schweiz, Niederlande*).
❸ You could suggest visiting a historic city or a well-known monument.
❹ Try to think of a typical dish from this country.
❺ Just put one way of travelling there.
❻ What product is the country famous for?

▶ Now design an advertisement to promote a different country.

HILFE

Fahren Sie	nach	Italien/Frankreich!
	in die	Schweiz/Türkei! Vereinigten Staaten! Niederlande!

▷ E1

Besuchen Sie	die historische Hauptstadt! das berühmte Kolosseum!

Kaufen Sie	ein Paar Schuhe einen Bierkrug	aus	Leder! Glas!
	eine Flasche Wein!		

▷ C8

Foundation Tier

3 Holiday snaps

! Choose one of the pictures and write a list of four adjectives you might use to describe the holiday and how you feel.

z. B. kalt

4 Holiday postcards

▶ Look at the first picture again. You are on a campsite in Austria. Write a postcard in German to your penfriend.

Du musst folgende Informationen auf Deutsch geben.
- Sag, wo du bist.
- Sag, mit wem du Urlaub machst.
- Sag, wie das Wetter ist.
- Beschreib, wie es dir geht.
- Sag, wie lange du in Österreich bleibst.

> Hallo, Markus!
> Ich bin mit meiner Familie ❶ auf einem Campingplatz in Österreich. Das Wetter ist furchtbar! Mir ❷ ist kalt und ich habe Schnupfen. Wir bleiben ❸ bis Freitag.
> Tschüs, Michael

Tips
❶ Notice the word order if you put both details in one sentence: 'who you are with' has to go before 'where you are staying'.
❷ Remember to use the **dative** here: *mir ist kalt*.
❸ You can use either the **present tense** (*wir bleiben*) or the **future tense** (*wir werden … bleiben*).

✎ A Now you write the postcard.

CHECKLIST
To change as many details as possible you could:
✓ give the name of a town or region in Austria
✓ say which members of the family or which friends you are with
✓ say why the weather is bad – snow, fog, rain, wind etc. ▷ C6
✓ say you have toothache, flu, stomach ache etc. ▷ A13
✓ give a number of days or a fixed date (*bis 20. August*).

✎ B Look at the second picture. This time you are staying on the coast in North Germany. Write a postcard in German using the same prompts as above.

HILFE

Mir ist	kalt/schlecht.	
Ich bin	müde/krank.	
Ich habe	Fieber/Schnupfen/Durchfall/Angst.	▷ A13

Wir	bleiben	bis	Montag. nächste Woche.	▷ B2
	werden	noch zehn Tage	bleiben.	

Ich bin mit	meiner Familie meinem Bruder meinen Freunden	auf einem Campingplatz in einem Hotel in einer Jugendherberge	in	Norddeutschland. Österreich. ▷ E1

unit five 57

Foundation Tier

5 Packing

▶ You are going on a camping holiday with your friends in Germany. Make a list in German of four things you intend to pack.

Schlafsack
Dosenöffner
....
....
....

CHECKLIST

✓ Think of vocabulary to do with camping equipment, or suitable clothing and food.

❗ Now make a list of four essential items for each of these types of holiday:

a a ski trip
b the school exchange
c a beach holiday.

6 Lost property

▶ You have lost your luggage and need to fill in a lost-property form.

Du musst folgende Informationen auf Deutsch geben.
- *Sag, wie du heißt.*
- *Sag, wo du wohnst.*
- *Beschreib dein Gepäck.*
- *Sag, wo du es verloren hast.*
- *Sag, wann du es verloren hast.*
- *Beschreib, was in deinem Gepäck ist.*

```
            Name: Eilwen JONES
         Wohnort: Cardiff
Beschreibung des Gepäcks: eine blaue Sporttasche ❶
              Wo: am Hauptbahnhof ❷
            Wann: Mittwoch, 9. Februar,
                  gegen 11 Uhr ❸
          Inhalt: Sportschuhe,
                  Badeanzug, Handtuch ❹
```

Tips

❶ What sort of bag? What colour?
❷ You could say 'at the station/museum' or 'in the bus/underground'.
❸ Notice how to give the day, date and an approximate time: *Mittwoch, 9. Februar, gegen 11 Uhr.*
❹ Give two or three simple items you know you can spell correctly. ▷ C7

❗ Now complete the form with information of your own.

HILFE

eine	Schultasche Aktentasche Sporttasche Handtasche Reisetasche Mappe	
ein	Koffer	

am Hauptbahnhof an der Galerie	
im Bus in der U-Bahn	▷ C1

zwischen	dem Supermarkt der Bank	und	dem Kino der Bushaltestelle

Foundation Tier

7 On holiday

A On a youth hostelling holiday in Switzerland you begin playing a game with your German friends. The game involves giving the name in German for things found in a Youth Hostel beginning with the letters of the places you have visited. Complete the list below using the letters B-E-R-N. You can, of course, include the contents of your rucksack or the kitchen cupboards – if you get stuck! In each case, the first three letters have been given to help you.

> Bür _
> Ess _ _ _ _ _ _
> Rad _ _
> Nud _ _ _

B Now try to find different words linked to a youth hostel for these Swiss towns:

a (ZUG)   b (GSTAAD)

c (DAVOS)   d (SCHWYZ)

8 In a youth hostel

▶ You are staying in a youth hostel in Germany. You decide to send a postcard to your German friend.

Du musst folgende Informationen auf Deutsch geben.
- *Sag, wo du bist.*
- *Sag, mit wem du Urlaub machst.*
- *Sag, was es dort zu sehen gibt.*
- *Sag, wie lange du in Deutschland bleibst.*
- *Beschreib die Jugendherberge.*

> Hallo, Saskia!
> ❶ Ich bin in Norddeutschland in der Nähe von Lübeck. Ich mache mit meinem Bruder Urlaub. In Lübeck gibt es ❷ teure Geschäfte und ein tolles Museum. Wir bleiben ❸ zehn Tage in Deutschland. ❹ Die Jugendherberge ist modern und hat einen schönen Aufenthaltsraum im Keller.
> Alles Liebe,
> Kelly

Tips

❶ Say which part of Germany you are in or use *in der Nähe von …*
❷ Note the word order: *In Lübeck gibt es …*
❸ The **present tense** is best here rather than the **future tense** with *werden*.
❹ You could mention facilities, the type of building, or describe its position.

❗ Now write the postcard using ideas of your own.

HILFE

| Ich bin in | Norddeutschland
Südwestdeutschland
Hessen
Rheinland-Pfalz | in der Nähe von
nicht weit von | Lübeck.
Tübingen.
Frankfurt.
Trier. | ▷ E4 |

Die Jugendherberge	ist	modern. in einem alten Turm. sehr schön möbliert.	
	hat	einen schönen Aufenthaltsraum im Keller. einen schönen Blick auf die Stadt.	▷ A3

unit five

Overlap (Foundation/Higher Tier)

9 Favourite recipes

> die Zutaten: 1 kg Kartoffeln, eine Zwiebel, Mayonnaise, Essig, Öl, Salz und Pfeffer – so einfach ist es. Guten Appetit! Kannst du mir schreiben, wie man einen „Ploughman's lunch" macht?
> Alles Liebe,
> dein Henning

▶ Dein Austauschpartner schickt dir ein Rezept für einen typisch deutschen Kartoffelsalat. Er möchte wissen, wie man einen „Ploughman's lunch" macht. Schreib eine Antwort auf seinen Brief.

Du musst folgende Informationen auf Deutsch geben.
- Schreib deine Reaktion auf den Brief.
- Beschreib, wo du das letzte Mal einen „Ploughman's lunch" gegessen hast.
- Sag, wann man normalerweise einen „Ploughman's lunch" isst.
- Sag, was man für einen „Ploughman's lunch" braucht.
- Beschreib, wie lange man dazu braucht.
- Sag, was man dazu trinkt.
- Sag, welche britische Spezialität du in deinem nächsten Brief beschreiben wirst.

> Lieber Henning,
> danke für deinen Brief – dein Kartoffelsalat schmeckt bestimmt sehr lecker. ❶
> Ich habe letzte Woche einen „Ploughman's ❷ lunch" gegessen, als ich mit meinen Eltern Urlaub in Yorkshire machte. Wir waren ❸ in einer kleinen Wirtschaft auf dem Land. Einen „Ploughman's lunch" isst man normalerweise zu Mittag. ❹ Als Kleinigkeit am Nachmittag oder am Abend ❹ ist er auch nicht schlecht. Für einen guten „Ploughman's lunch" brauchst du Brot, Butter, Käse, einen Apfel und vielleicht auch eine Zwiebel und eine Tomate.
> ❺ Um das Essen ❻ zuzubereiten brauchst du nur ein paar Minuten. ❼ Dazu trinkt man nichts Besonderes, einen Orangensaft vielleicht oder ein Glas Bier.
> ❽ Das nächste Mal werde ich dir das Rezept für die britische Spezialität „bangers and mash" geben! ❾ Hast du das schon einmal probiert?
> Tschüs,
> Simon

Tips

❶ *Es schmeckt bestimmt lecker* means 'I'm sure it tastes delicious'.
❷ You have to use the English name – there are some things you can't translate!
❸ Just say where you were at the time (*wir waren ...* or *ich war ...*).
❹ 'For lunch' is *zu Mittag* and 'in the evening' is *am Abend*, but 'for breakfast' is *zum Frühstück*.
❺ Remember that *um ... zu* + **infinitive** means 'in order to do something'.
❻ *Zubereiten* is just another way of saying *machen* when preparing food.
❼ What does one normally drink with it?
❽ *Das nächste Mal* means '(the) next time ...'
❾ Here's how to say 'Have you ever tried that before?'.

✏ Now you write a similar reply. Instead of the Ploughman's lunch you could choose to write about:

a an English breakfast
b a fish and chip supper
c bangers and mash
d toad-in-the-hole
e something particular to your area of the country.

HILFE

| Dein Kartoffelsalat | schmeckt | lecker. |
| Das englische Frühstück | bestimmt | nicht gut. |

| Ich habe das | letzte Woche
das letzte Mal
zum ersten Mal | gegessen, ... |

| ... als ich | in Wales
bei meiner Oma | war. |

| Das isst man | normalerweise
meistens
nie | zu Mittag.
am Abend.
zum Frühstück. |

| Um das Essen zuzubereiten, brauchst du | Kartoffeln.
Würstchen.
nur ein paar Minuten.
nichts Besonderes. |

▷ A7–10

| Dazu trinkt man normalerweise | ein Glas Wein.
eine Tasse Tee. |

▷ A11

| Hast du | „bangers and mash"
„toad-in-the-hole" | schon einmal probiert? |

Overlap (Foundation/Higher Tier)

10 Hotel reservation

▶ *Dein Vater hat im Internet den Namen und die Faxnummer eines Hotels in Österreich gefunden. Du schreibst ein Fax auf Deutsch. Du musst folgende Informationen geben.*

- *Sag, wie du das Hotel gefunden hast.*
- *Sag, wann du mit deiner Familie nach Österreich fährst.*
- *Sag, wie viele Nächte deine Familie dort verbringen will.*
- *Sag, wie viele Erwachsene und Kinder ihr seid.*
- *Sag, welche Zimmer du für deine Familie reservieren möchtest.*
- *Frag, wo man am besten essen kann.*
- *Stell Fragen über Freizeit- oder Sportmöglichkeiten im Hotel.*

Tips

❶ Use this form of address if you don't know the name, gender or title of the person you are writing to.
❷ It's best to state what you plan to do using *vorhaben* or *beabsichtigen*.
❸ The normal word order is: time – manner – place.
❹ Make it clear how many nights you wish to stay and on which dates.
❺ Note how to say 'there are four of us in our family'.
❻ Say how many people altogether, then specify if they are adults, children, boys or girls as appropriate.
❼ *Deshalb möchten wir …* means 'so we wish to …'.

Facsimile Cover Sheet

To:	Hotel Touring	**From:**	Familie Adams
Phone:	+43 42 563567	**Phone:**	+44 191 281 5309
Fax:	+43 42 564567	**Fax:**	+44 191 281 5309
Date:	Donnerstag, den 24. Mai		

❶ Sehr geehrte Damen und Herren,
wir haben Ihr Hotel im Internet gefunden. Wir haben vor ❷ im Juli eine Reise durch Österreich ❸ zu machen und möchten vom 10. bis 12. Juli ❹ drei Nächte in Ihrem Hotel verbringen. ❺ Wir sind vier in der Familie: ❻ zwei Erwachsene und zwei Kinder. Deshalb möchten wir ❼ zwei Doppelzimmer mit Dusche und Balkon reservieren. ❽ Können Sie uns bitte mitteilen, ❾ ob es ein Restaurant im Hotel oder in der Nähe gibt, wo man österreichische Spezialitäten essen kann. ❽ Wir möchten auch gern wissen, ob Sie ein Schwimmbad oder einen Fitnessraum haben.
❿ Wir danken Ihnen im Voraus und freuen uns auf eine baldige Bestätigung.
⓫ Mit freundlichen Grüßen
Familie Adams

❽ Try to phrase questions politely, e.g. 'could you please let us know whether …' or 'we would like to know if …'.
❾ Word order after *ob*: the verb goes to the end.
❿ Here's how to thank someone in advance and ask for confirmation of the booking.
⓫ Choose an appropriate way to end the fax. ▷ p9

❗ Now write the fax using details about your own family.

HILFE

Wir	haben vor / beabsichtigen	im Sommer / im Juli	eine Reise durch Österreich zu machen. / den Schwarzwald zu besuchen.	▷ E4

Wir möchten	vom 10. bis 12. Juli drei Nächte / die Woche vom 20. bis 27. August	auf Ihrem Campingplatz / in Ihrem Hotel / in Ihrer Jugendherberge	verbringen. / übernachten.	▷ E5

Wir sind vier in der	Familie: / Gruppe:	zwei Erwachsene und zwei Jugendliche/Kinder. / zwei Mädchen und zwei Jungen.

Deshalb möchten wir	ein Doppelzimmer / ein Einzelzimmer	mit	Bad/Balkon. / Vollpension.	▷ E5

Können Sie uns bitte mitteilen, ob es	ein Restaurant / ein Schwimmbad/eine Sauna / einen Fitnessraum	im Hotel / in der Nähe	gibt? / haben.	▷ C1
Wir möchten gern wissen, ob Sie				

Wir	danken Ihnen im Voraus. / freuen uns auf eine baldige Antwort/Bestätigung.	▷ p9

Overlap (Foundation/Higher Tier)

11 A disastrous holiday

▶ *Am Ende der Sommerferien bekommst du einen Brief von deiner deutschen Austauschpartnerin. Ihr Urlaub in Italien war ein Desaster. Du schreibst eine Antwort auf ihren Brief.*

> *und das Schlimmste: Wir sind auf der Autobahn in einen Unfall verwickelt worden und mussten deshalb mit dem Zug nach Hause fahren. Nie wieder werden wir mit dem Auto nach Italien fahren!*
> *Wie war dein Urlaub?*
> *Bis bald,*
> *deine Andrea*

- *Schreib deine Reaktion auf den Brief.*
- *Sag, wo du in Urlaub warst. Mit wem?*
- *Sag, wo ihr übernachtet habt.*
- *Beschreib die Reise.*
- *Beschreib eine schreckliche Situation.*
- *Beschreib eine lustige Situation.*
- *Sag, was du nächstes Jahr machen wirst.*

> *Liebe Andrea,*
> ❶ *es tut mir Leid, dass euer Urlaub in Italien nicht so gut war. Habt ihr das Auto reparieren lassen?* ❷ *Bei uns war es nicht viel besser. Ich bin mit meinen Eltern* ❸ *in die Türkei gefahren. Wir hatten* ❹ *eine Ferienwohnung an der Küste gemietet. Die Reise war nicht schlecht – wir haben das Auto am Flughafen in Manchester abgestellt und sind dann mit British Airways geflogen.* ❺ *Aber meine Mutter hatte unterwegs ihren Pass verloren und wir mussten deshalb drei Stunden warten, bis wir endlich den türkischen Flughafen verlassen durften. Als wir unsere Ferienwohnung gesehen haben,* ❻ *mussten wir lachen:* ❼ *Das Haus war tatsächlich an der Küste, aber auf einem Felsen, 200 Meter über dem Meer! Nächstes Jahr werden wir vielleicht noch einmal diesen Ferienort besuchen, aber mein Vater will vorher einen Bergsteigerkurs machen!*
> *Alles Liebe,*
> *deine Jan*

Tips

❶ Say you're sorry that it wasn't a great holiday, then ask a question.
❷ You could make a comparison with your own holiday.
❸ Remember: *mit wem?* has to go before *wo?* or *wohin?*
❹ You could use the **pluperfect tense** to refer to an event which took place earlier than the one you are writing about, i.e. to say what 'had happened' before you arrived in Turkey.
❺ An awful situation might involve a passport, a missed departure, an accident, a breakdown, bad weather etc.
❻ *Wir mussten lachen* means 'we had to laugh' or 'it made us laugh'.
❼ A funny situation could arise from a disastrous one – keep it simple, though!

✎ Now write a reply to Andrea's letter.

HILFE

Es tut mir Leid, dass Es freut mich, dass	euer Urlaub	nicht so gut war. toll war.

Ich bin mit meinen	Freunden Eltern	nach Madrid nach Italien in die Türkei	gefahren. geflogen.

▷ E4

Wir hatten	ein Hotelzimmer ein Wohnmobil	am Meer in Rom	gemietet. reserviert.

▷ E5

Unterwegs hatte	meine Mutter ihren Pass mein Vater seine Tasche	verloren.

Das Haus Das Hotel	war tatsächlich	an der Küste, … in der Altstadt, …

… aber	auf einem Felsen. neben einer Baustelle.

Nächstes Jahr werden wir vielleicht … besuchen.
Nie wieder werden wir … besuchen.

Overlap (Foundation/Higher Tier)

12 Europe quiz

▶ *Du bist im Erdkundeunterricht in der Partnerschule und ihr macht einen Europa-Quiz. Schreib eine Frage zu jeder Kategorie. (Informationen kannst du vielleicht in einem Atlas, einem Lexikon oder im Internet finden.)*

a *eine Hauptstadt*
b *ein Fluss*
c *ein Auto*
d *ein typisches Essen*
e *eine Grenze*
f *eine bekannte Person*
g *ein Monument*
h *die Sprache(n) eines Landes*
i *ein See*
j *ein Meer*

Tips

❶ It's easiest if you have one-word answers.
❷ You could ask the name of the longest river, or ask which country/countries a particular river is in.
▷ E1, E4
❸ *Bestellen* means 'to order'.
❹ *Eine Grenze teilen* means 'to share a border'. You could also ask how many borders a country has.
▷ E1
❺ Choose a well-known person, living or dead, and ask to which country he/she belongs.
❻ *Der* See is a lake, but it's **die** Nordsee! ▷ E4

✏ Now you make up ten questions, one on each topic. Don't forget to give the answer as well. Remember, you could use an atlas, an encyclopedia or even the Internet to find ideas and information for your quiz.

EUROPA-QUIZ

a Wie heißt die Hauptstadt von Schweden? — *Stockholm* ❶
b Wie heißt der längste Fluss Frankreichs? ❷ — *Loire*
c Welches Land hat das Auto 'Ferrari' gebaut? — *Italien*
d Du hast gerade 'Paella' bestellt. In welchem Land bist du wahrscheinlich? ❸ — *Spanien*
e Mit welchem Land teilt Deutschland eine Grenze im Norden? ❹ — *Dänemark*
f Zu welchem Land gehört der Komponist Wolfgang Amadeus Mozart? ❺ — *Österreich*
g In welchem Land findest du 'The Blarney Stone'? — *Irland*
h Welche offiziellen Sprachen gibt es in Belgien? — *Französisch/Flemisch*
i In welchem Land ist Loch Ness? ❻ — *Schottland*
j Wie heißt das Meer zwischen Deutschland und Großbritannien? — *die Nordsee* ❻

HILFE

Wie heißt …?
Welches Land …? Welcher Fluss …? Welche Sprache …?
In welchem Land kann man …?
Mit welchem Land teilt … eine Grenze …?
Zu welchem Land gehört …?

Wo? Wohin? Woher?
Wann? Um wie viel Uhr? An welchem Tag?
Was?
Warum?
Wie? Wie viel?
Wer? Wen? (Mit) wem?

Higher Tier

13 Booking a youth hostel

▶ *Du schreibst ein Fax an eine Jugendherberge in München.*

Facsimile Cover Sheet

```
To:    Jugendherberge, München
Phone: +49 89 237546
Fax:   +49 89 237217
From:  Tim Peterson
Phone: +44 171 479 0353
Fax:   +44 171 479 2131
Date:  Mittwoch, den 21. Februar
```

❶ Liebe Herbergseltern,
wir haben vor ❷ im April ein paar Tage ❸ in München und Umgebung zu verbringen und möchten vom 1. bis 7. April Plätze für sieben Nächte bei Ihnen reservieren. Wir sind zwei Jungen und zwei Mädchen. ❹ Wir möchten Frühstück und Abendessen und wir wollen auch Bettwäsche leihen. ❺ Ich wäre Ihnen dankbar, wenn Sie diese Reservierung und den Gesamtpreis per Fax bestätigen könnten. ❺ Bitte teilen Sie uns auch mit, ob es eine Küche gibt, wo man kochen kann. Wir würden auch gern wissen, wie weit die Jugendherberge vom Bahnhof entfernt ist und ob es eine U-Bahn-Station in der Nähe gibt. ❻ Wir freuen uns auf eine baldige Antwort,
Ihr Tim Peterson

Tips

❶ You could address the fax to one youth hostel warden (*Liebe Herbergsmutter/Lieber Herbergsvater*) or more than one (*Liebe Herbergseltern*).
❷ Say what you intend to do: *Wir haben vor ... zu ...*
❸ Remember the word order: time – manner – place.
❹ You have to say which meals you would like and whether or not you need to hire sheets.
❺ Here's how to say 'I would be grateful if ...' and 'Please let us know whether ...'
❻ Choose an appropriate way to finish your fax or letter. ▷ p9

✎ Now write a fax based on the example, this time using these booking requirements:

Frühstück	✓	Fragen:
Mittagessen	✗	Küche?
Abendessen	✓	Bahnhof? km
Bettwäsche	×4	U-Bahn?
Bestätigung	✓	Preis?

HILFE

Wir möchten	(kein)	Frühstück. Mittagessen. Abendessen.
	(keine)	Bettwäsche leihen.

| Ich wäre Ihnen dankbar, wenn Sie die Reservierung | per Fax / per Brief | bestätigen könnten. |

Bitte teilen Sie uns mit, Wir würden auch gern wissen,	ob es	eine Küche einen Aufenthaltsraum	gibt, wo man ...	▷ C1
	wie weit die Jugendherberge	vom Bahnhof von der Stadtmitte	entfernt ist.	
	ob es	eine U-Bahn-Station ein Lebensmittelgeschäft	in der Nähe gibt.	

14 Booking a campsite

▶ *Du schreibst eine E-Mail an einen Campingplatz um Plätze zu reservieren.*

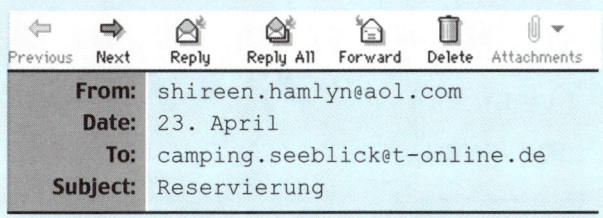

From: shireen.hamlyn@aol.com
Date: 23. April
To: camping.seeblick@t-online.de
Subject: Reservierung

Sehr geehrte Damen und Herren,

wir beabsichtigen diesen Sommer den Schwarzwald zu besuchen und möchten daher Plätze für einen Wohnwagen und ein kleines Zelt auf Ihrem Campingplatz reservieren. Wir sind vier in der Familie: zwei Erwachsene und zwei Jugendliche. Wir möchten vom 14. bis 16. August drei Nächte bleiben. Für unseren Wohnwagen brauchen wir auch einen Stromanschluss.

Wir wären Ihnen dankbar, wenn Sie diese Reservierung per Fax bestätigen würden. Bitte teilen Sie uns mit, wie viel es kosten wird. Gibt es auf dem Campingplatz oder in der Nähe ein Schwimmbad und ein Lebensmittelgeschäft?

Wir freuen uns auf eine baldige Antwort.

Familie Hamlyn

❗ Now write an e-mail based on the example, this time using these booking requirements:

Fragen:
Schwimmbad?
Lebensmittel?
Bestätigung + Preis ✓

Tip
● For help with setting out a reservation look at the tips on page 61.

HILFE

Für	unseren Wohnwagen unser Wohnmobil ein Motorrad	brauchen wir	einen Stromanschluss. einen Stellplatz einen Platz	im Schatten.

Wir beabsichtigen	im Sommer im Herbst im Frühling im Winter	den Schwarzwald die Pfalz die Ostsee	zu besuchen.

▷ E4

Higher Tier

15 Confirming a booking

▶ *Du hast am Telefon schon eine Reservierung für dich und deine Familie gemacht. Du schreibst jetzt an den Gasthof um diese Reservierung zu bestätigen.*

> Gateshead, den 3. Oktober
>
> Sehr geehrte Damen und Herren
>
> ich habe heute Morgen per Telefon eine Reservierung im Gasthof „Zum Löwen" gemacht und möchte hiermit diese Reservierung schriftlich bestätigen. Wir haben vor, Silvester bei Freunden in Altdorf zu feiern. Wir planen am 31. Dezember gegen 15 Uhr anzukommen und werden am 2. Januar vormittags wieder abfahren. Wir sind drei Personen: zwei Erwachsene und ein Kind. Deshalb möchten wir ein Doppelzimmer mit Bad und ein Einzelzimmer reservieren.
>
>   Könnten Sie mir bitte eine Preisliste zusenden? Bitte teilen Sie mir auch mit, ob es einen Parkplatz für unseren Wagen gibt.
> Mit freundlichen Grüßen
>
> Tracey Oliver

❗ Now write a letter confirming your telephone booking, based on the example above and this time using these booking requirements:

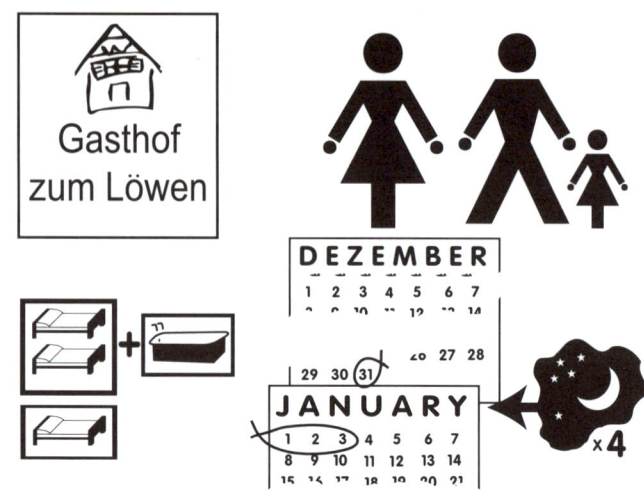

Fragen:
Parkplatz?
Restaurant?
Preis inkl. Frühstück?

HILFE

Könnten Sie mir	eine Preisliste eine Broschüre einen Stadtplan	zusenden?

Ich habe	heute Morgen gestern Nachmittag letzte Woche vor zwei Tagen	per Telefon telefonisch per Fax schriftlich	eine Reservierung gemacht. ▷ B2

Wir haben vor,	Silvester Weihnachten	bei Freunden in Altdorf in den Bergen	zu verbringen. zu feiern. ▷ B2

Wir planen	am 31. Dezember	gegen 15 Uhr nachmittags	anzukommen.
Wir werden	am 2. Januar	vormittags	wieder abfahren.

Higher Tier

16 How was the holiday?

Du bist gerade von einem Urlaub in Österreich mit deiner Familie zurückgekommen. Du schreibst einen Brief an den Manager des Hotels. Dein Brief kann entweder positiv oder negativ sein. Du musst folgende Punkte auf Deutsch erwähnen:

- den Urlaub in Österreich
- den Service an der Rezeption
- das Zimmer
- die Bedienung im Restaurant
- das Essen
- den Preis

> Sehr geehrter Herr Vogel,
> mit unserem Urlaub in Österreich waren wir alle sehr zufrieden. Die hübschen Dörfer und die wunderschöne Landschaft ❶ haben uns sehr beeindruckt. Als wir in Ihrem Hotel angekommen sind, hat uns die Dame an der Rezeption herzlich begrüßt. Sie hat auch deutlich und langsam gesprochen, so dass wir kein Problem hatten ihr Deutsch zu verstehen.
> ❷ Unser Familienzimmer war traumhaft schön – ruhig und warm, mit Balkon, Fernseher und traditionellen Möbeln. Wir hatten auch einen atemberaubenden Blick auf die Berge.
> ❸ Die Bedienung im Restaurant war freundlich und schnell. Ohne Schwierigkeiten konnte meine Mutter jeden Tag ein anderes vegetarisches Essen bestellen. Und ich fand das Jägerschnitzel am besten – sehr lecker!
> ❹ Vor allem war der Aufenthalt bei Ihnen sehr preiswert – wir haben sogar noch ein paar Schillinge übrig. Für unsere Familie war Österreich ganz bestimmt eine Reise wert. Herzliche Grüße und nochmals vielen Dank,
>
> Ihre Familie Trotter

Tips

❶ What else might have left a positive impression – the food? the people? the weather?
❷ In the second task below you will have to describe the room in a negative way with all its faults, e.g. noisy and cold at night, a shower which didn't work, a view of the car park.
❸ You could mention particular meals here.
❹ You could make a comparison with another hotel you stayed in.

A First write a positive letter, in which you thank the manager for making your stay in Austria so memorable.

B Now write a letter covering the same points, but this time your experience was not so positive! You wish to complain about everything – the mice in the wardrobe, the rude waitress, the cold showers, the faulty central heating, the noise from the building site etc.

HILFE

Wir hatten einen	atemberaubenden / hässlichen	Blick auf	die Berge. / den Parkplatz. ▷ A3

Die Bedienung war / Die Kellner waren	ausgezeichnet. / unhöflich.	▷ B7

Unser Zimmer war	traumhaft/ruhig.
Die Toiletten waren	sauber/schmutzig.
Die Duschen waren	laut/außer Betrieb.

Es gab	keine	Handtücher. / Seife.
	keinen	Balkon.

Die Heizung	funktionierte	schlecht. / nicht.
Der Fernseher		war kaputt.

Österreich	war ganz bestimmt eine Reise wert.
Ihr Hotel	hat meinen Erwartungen nicht entsprochen.

Mit unserem	Urlaub / Aufenthalt	in Österreich / in Ihrem Hotel / bei Ihnen	waren wir	sehr zufrieden. / leider gar nicht zufrieden.

unit five

Vocabulary by topic

Area of Experience A

1 At school

das Fach (die Fächer) subject(s)
das Lieblingsfach
 (die Lieblingsfächer)
 favourite subject(s)
die Geisteswissenschaften (pl) the arts
die Naturwissenschaften
 natural sciences

Deutsch German
Französisch French
Spanisch Spanish
Italienisch Italian
Englisch English
Latein Latin
Musik music
Kunst art
Drama drama
Geschichte history
Erdkunde, Geographie geography

Chemie chemistry
Physik physics
Biologie biology
Mathe(-matik) maths
Informatik information technology
Technik technology
Werken craft and design
Religion religion
Sport sport
Turnen gymnastics

die Grundschule primary school
das Gymnasium grammar school
die Gesamtschule comprehensive school
die Realschule 'Realschule'
die Hauptschule 'Hauptschule'
die Berufsschule technical college

das Klassenzimmer classroom
die Aula assembly hall
die Bibliothek library
das Theater theatre
das Hallenbad
 indoor swimming pool
die Sporthalle sports hall
die Turnhalle gymnasium
der Tennisplatz tennis court
der Sportplatz sports ground, playing
 field
der Schulhof playground
die Kantine canteen, cafeteria
das Lehrerzimmer staff-room
das Sekretariat school office

2 In the classroom

der Lehrer, die Lehrerin teacher
die Klasse class
die neunte/zehnte/elfte Klasse
 Year 9/10/11
der Unterricht lesson, teaching
die Tafel black-/whiteboard
die Hausaufgabe homework
der Kassettenrekorder cassette recorder

die Schultasche school bag
die Mappe folder, briefcase
der Ordner file, ring-binder
das Schulbuch textbook
das Heft exercise book
der Stift pen
der Bleistift pencil
der Radierer, der Radiergummi rubber
der Kuli biro
der Kugelschreiber ballpoint pen
das Lineal ruler
das Papier paper
das Wörterbuch dictionary

3 Around the house

das Haus house
das Einfamilienhaus detached house
das Reihenhaus terraced house
der Bungalow bungalow
die Wohnung flat

die Küche kitchen
das Wohnzimmer living room
das Esszimmer dining room
das Badezimmer bathroom
das Schlafzimmer bedroom
der Schlafraum dormitory
der Aufenthaltsraum day room, activities
 room
der Keller cellar

die Tür door
das Fenster … window …
der Balkon … balcony …
 … mit Blick auf die Straße
 … with a view of the road
 … mit Blick auf den Garten
 … with a view of the garden
 … mit Blick auf den Wald
 … with a view of the wood
 … mit Blick auf die Berge
 … with a view of the mountains
die Treppe stairs
das Treppenhaus staircase, landing
der Garten garden
die Garage garage

im Erdgeschoss on the ground floor
im ersten Stock on the first floor
unter dem Dach in the attic, under the
 eaves
der Dachboden attic

4 Furniture and furnishings

die Waschmaschine washing machine
der Geschirrspülautomat dishwasher
der Kühlschrank fridge
der Herd cooker
der Gefrierschrank freezer

die Dusche shower
das Bad bath
die Seife soap
das Handtuch towel
der Fön hairdrier
die Toilette toilet

der Kleiderschrank wardrobe
die Kommode chest of drawers
das Bett bed
das Sofabett sofa bed
der Tisch table
der Stuhl chair
die Lampe lamp, light
die Vorhänge (pl) curtains

das Sofa sofa
der Sessel armchair
der Fernseher television
das Regal shelf, bookcase
die Tapete wallpaper
der Teppich(-boden) carpet
das Telefon telephone
der Lift lift
die Zentralheizung central heating

5 Meals

das Frühstück breakfast
das Mittagessen lunch
das Abendessen, das Abendbrot evening
 meal
das (Tages-)Menü set meal (of the day)
die Speisekarte menu
die Getränkekarte drinks list
die Vorspeise starter
das Hauptgericht, der Hauptgang main
 course
der Nachtisch, die Nachspeise dessert

die Suppe soup
der Eintopf thick soup, broth
der (Kartoffel-)Salat (potato) salad
das Eis ice cream

Vocabulary by topic

die (Schokoladen-/Pflaumen-)Torte (chocolate/plum) gateau, tart
die Schwarzwälder Kirschtorte Black Forest gateau
das Fastfood fast food
der Döner Kebab doner kebab
die Pizza pizza

6 Jobs around the house

die Betten machen to make the beds
den Tisch decken to set the table
das Schlafzimmer aufräumen to tidy the bedroom
den Boden kehren to sweep the floor
die Fenster putzen to clean the windows
den Abwasch machen to do the washing-up
das Auto waschen to wash the car
das Badezimmer sauber machen to clean the bathroom
Staub saugen to vacuum
Kleider bügeln to iron clothes
abspülen to wash the dishes
abtrocknen to dry the dishes
im Garten arbeiten to work in the garden

7 Food (general)

die Butter butter
die Schokolade chocolate
die Marmelade jam
der Käse cheese
der Kuchen cake
das Öl oil
der Schinken ham
die Milch milk
der Senf mustard
die Nudeln noodles, pasta

das Ei egg
das Spiegelei fried egg
die Suppe soup
die Torte flan, tart
der Zucker sugar
das Brot bread
das Brötchen bread roll
der Fisch fish
der Reis rice
das Salz salt
der Pfeffer pepper
der Essig vinegar

das Eis ice cream
der Joghurt yoghurt
die Sahne cream
die Pommes (frites) chips
die Kekse (pl) biscuits
der Kaugummi chewing-gum
die Chips (pl) crisps
die Bonbons (pl) sweets
die Pralinen (pl) chocolates

8 Fruit

das Obst fruit
der Apfel apple
der Pfirsich peach
die Banane banana
die Birne pear
die Orange, die Apfelsine orange
die Kirsche cherry
die Aprikose apricot
die Ananas pineapple
die Zitrone lemon
die Dattel date
die Erdbeere strawberry
die Feige fig
die Melone melon
die Pampelmuse grapefuit
die Pflaume plum
die Traube grape
die Tomate tomato

9 Vegetables

der Kartoffel potato
der Kohl cabbage
der Blumenkohl cauliflower
der Rosenkohl Brussels sprouts
die Karotte carrot
die Möhre carrot
der Lauch leek
der Knoblauch garlic
der Champignon, der Pilz mushroom
der Salat salad, lettuce
die Gurke cucumber
die Bohne bean
die Zwiebel onion
die Erbsen (pl) peas

10 Meat

das Lammfleisch lamb
das Rindfleisch beef
das Schweinefleisch pork
das Hähnchen chicken
der Truthahn, die Pute turkey
die Wurst (sliced) sausage
das Würstchen sausage
die Bratwurst fried sausage
die Currywurst curry sausage
die Bockwurst Frankfurter sausage
der Aufschnitt sliced meat

11 Drinks

das Getränk drink
der Tee tea
der Kaffee coffee
das Mineralwasser mineral water
der Wein wine
die Cola coca-cola
der Apfelsaft apple-juice
der Orangensaft orange juice
das Bier beer
die Limo(nade) lemonade

12 Quantities and packaging

ein Kilo (1 kg) one kilo of …
ein halbes Kilo half a kilo of …
ein Liter one litre of …
ein halber Liter half a litre of …
250 Gramm (250 g) 250 grammes of …
eine Flasche a bottle of …
ein Glas a jar, glass of …
eine Tube a tube of …
ein Becher a pot, beaker of …

eine Schachtel a box of …
eine Packung a packet of …
eine Dose a tin, can of …
eine Tüte a bag of …
ein Stück a piece, bit of …
eine Scheibe a slice of …
eine Tafel a bar of …
eine Tasse a cup of …
ein Kännchen a pot, jug of …

13 Illness

die Gesundheit health
Schnupfen (pl) a cold
Durchfall diarrhoea
die Grippe flu
Kopfschmerzen (pl) headache
Halsschmerzen (pl) sore throat
Zahnschmerzen (pl) toothache
Bauchschmerzen (pl) stomachache
eine Magenverstimmung indigestion
Fieber a temperature, fever

14 For how long?

seit einer halben Stunde for half an hour
seit einer Woche for a week
seit zwei Tagen for two days
seit einem Monat for one month
seit heute Morgen since this morning
seit Februar since February
seit gestern since yesterday
seit Weihnachten since Christmas
seit letzter Woche since last week
seit letztem Dienstag since last Tuesday
seit 1995 since 1995

15 Parts of the body

der Arm arm
das Bein leg
der Kopf head
das Auge(-n) eye(s)
das Ohr(-en) ear(s)
die Nase nose
der Mund mouth
der Hals neck
der Rücken back
der Bauch stomach, belly
der Magen stomach
das Knie knee
der Fuß foot

Vocabulary by topic

der Finger finger
die Hand hand
die Zähne (pl) teeth

16 Injuries

sich das Bein brechen
   to break one's leg
sich in die Hand schneiden
   to cut one's hand
sich am Kopf verletzen
   to hurt one's head
sich die Schulter verrenken
   to dislocate one's shoulder
sich den Finger verbrennen
   to burn one's finger

Area of Experience B

1 Seasons, months, days

im Frühling in spring
im Sommer in summer
im Herbst in autumn
im Winter in winter

Januar January
Februar February
März March
April April
Mai May
Juni June
Juli July
August August
September September
Oktober October
November November
Dezember December

Sonntag Sunday
Montag Monday
Dienstag Tuesday
Mittwoch Wednesday
Donnerstag Thursday
Freitag Friday
Sonnabend, Samstag Saturday

2 When exactly?

heute today
heute Morgen, heute Vormittag
   this morning
heute Nachmittag this afternoon
heute Abend this evening
gestern yesterday
gestern Morgen, gestern Vormittag
   yesterday morning
gestern Nachmittag yesterday afternoon
gestern Abend yesterday evening
vorgestern the day before yesterday
morgen tomorrow
morgen früh, morgen Vormittag
   tomorrow morning
morgen Nachmittag tomorrow
   afternoon

morgen Abend tomorrow evening
übermorgen the day after tomorrow

am Freitag on Friday
am Samstagabend on Saturday evening
am Mittwochnachmittag
   on Wednesday afternoon
um 14.30 Uhr at 2.30 pm
gegen halb drei at about half past two

morgens in the morning(s)
abends in the afternoon(s)
samstags on Saturday(s)
dreimal die Woche three times a week
zweimal im Jahr twice a year
jeden Tag every day
jede Woche every week
jeden Monat every month

immer always
meistens mostly, usually
oft often
manchmal sometimes
gelegentlich occasionally
ab und zu now and again
selten rarely, seldom
nie never

Heiligabend Christmas Eve
(zu) Weihnachten (at/for) Christmas
Silvester New Year's Eve
Fasching, Karneval Shrovetide
(zu) Ostern (at) Easter

3 Physical descriptions

groß big, tall
klein small, short
schlank slim
dünn thin
dick fat
blond blond
hübsch pretty
schön beautiful, handsome
blass pale
hässlich ugly

mit Brille with glasses
mit Bart with a beard
mit Schnurrbart with a moustache
mit Glatze with a bald head

4 Feelings

müde tired
krank ill
gesund healthy
böse angry
zufrieden content, satisfied
glücklich happy
unglücklich unhappy
traurig sad
hungrig hungry
durstig thirsty

Hunger haben to be hungry
Durst haben to be thirsty

Angst haben to be frightened
Pech haben to be unlucky,
   to have bad luck
Glück haben to be lucky, to have good
   luck

5 Character and personality

freundlich friendly
sympathisch nice
lustig funny
glücklich happy
großzügig generous
unabhängig independent
aufgeschlossen open, outgoing
ruhig quiet
nett nice
ausgeglichen well-balanced, easy-going
ehrlich honest
interessant interesting
zuverlässig reliable
sensibel sensitive
verantwortungsbewusst responsible
optimistisch optimistic
fleißig hardworking
selbstsicher self-assured
geduldig patient

stolz proud
reich wealthy
sportlich sporty
mutig brave, courageous
schüchtern shy
traurig sad
ehrgeizig ambitious
einsam lonely
allein alone
arm poor
laut noisy
ausgeflippt mad, crazy
eifersüchtig jealous

unfreundlich unfriendly
unsympathisch not nice
egoistisch selfish
dumm stupid
schwierig difficult
unehrlich dishonest
langweilig boring
unzuverlässig unreliable
verantwortungslos irresponsible
pessimistisch pessimistic
faul lazy
ungeduldig impatient

6 Colours

weiß white
schwarz black
rot red
gelb yellow
grün green
blau blue
braun brown
grau grey

Vocabulary by topic

orange orange
rosa pink
lila lilac
türkis turquoise
violett violet
hellblau light blue
dunkelrot dark red
bunt colourful, multi-coloured

7 Giving an opinion

geil
klasse
absolut spitze
toll
total gut
super
echt stark
prima
wirklich interessant
wunderbar
ausgezeichnet

nicht schlecht
in Ordnung
lustig
witzig

schrecklich
furchtbar
ganz schlimm
total schlecht
doof
dumm
besonders langweilig
mies
komisch

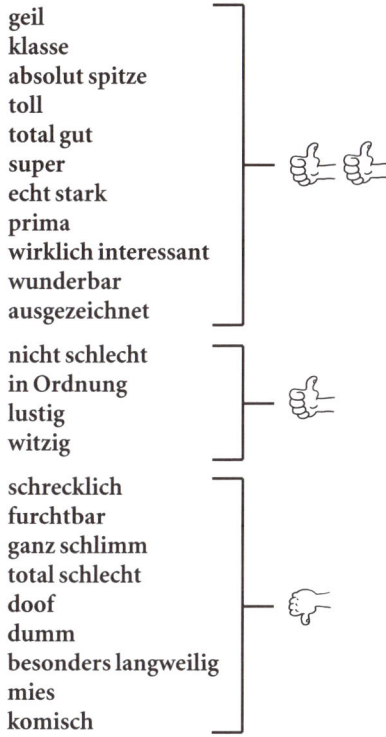

8 Family

die Familie family
die Eltern parents
der Vater father
die Mutter mother
der Sohn son
die Tochter daughter
das Baby baby
das Kind(-er) child(-ren)
das Einzelkind only child
die Geschwister (pl)
    brothers and sisters
der Bruder brother
die Schwester sister
die Zwillinge twins

die Tante aunt
der Onkel uncle
der Vetter male cousin
die Kusine female cousin
der Neffe nephew
die Nichte niece
die Oma/Omi/Großmutter
    grandma/grandmother
der Opa/Opi/Großvater
    grandpa/grandfather

die Großeltern grandparents
der Enkel grandson
die Enkelin granddaughter
die Enkelkinder grandchildren
der Mann husband
die Frau wife

der Stiefvater step father
die Stiefmutter step mother
der Stiefbruder step brother
die Stiefschwester step sister
der Schwiegervater father-in-law
die Schwiegermutter mother-in-law
der Schwager brother-in-law
die Schwägerin sister-in-law

9 Personal details

ledig, unverheiratet single
verheiratet married
getrennt separated
geschieden divorced
verwitwet widowed

10 Sport

Fußball football
Golf golf
Tennis tennis
Tischtennis table tennis
Rugby rugby
Hockey hockey
Squash squash
Leichtathletik athletics
In-Line-Skating rollerblading
Badminton badminton
Handball handball
Volleyball volleyball
Basketball basketball

kegeln gehen to go bowling
tanzen gehen to go dancing
angeln gehen to go fishing
Rad fahren to go cycling
Rollschuh fahren to go roller-skating
Ski fahren, Ski laufen to go skiing
Schlittschuh laufen to go ice-skating
reiten to ride
joggen to jog
surfen to windsurf
segeln to sail
schwimmen to swim
klettern to climb

das Stadion stadium
das Hallenbad, das Schwimmbad
    swimming pool
das Freibad outdoor swimming pool
die Turnhalle gymnasium
die Sporthalle sports hall
das Sportzentrum sports centre
das Fitnesscenter fitness centre, gym
der Sportplatz playing field
der Golfplatz golf course
das Skigebiet ski resort

11 Hobbies

die Kunst art, painting
das Zeichnen drawing
das Gesellschaftsspiel board-game
die Astronomie astronomy
das Computerspiel computer game
ein Musikinstrument spielen to play a
    musical instrument
im Orchester spielen to play in an
    orchestra
im Chor singen to sing in a choir
Karten spielen to play cards
Schach spielen to play chess

sammeln to collect
töpfern to do pottery
lesen to read
malen to paint
zeichnen to draw

12 Going out

ins Kino gehen to go to the cinema
ins Theater gehen to go to the theatre
in den Jugendklub gehen
    to go to the youth club
zum Fußballspiel gehen
    to go to the football match
in die Disko gehen to go to the disco
auf eine Party gehen to go to a party
in den Zoo gehen to go to the zoo
in den Zirkus gehen to go to the circus
in ein Konzert gehen to go to a concert
in eine Ausstellung gehen
    to go to an exhibition

eine Wanderung machen
    to go on a hike
einen Ausflug machen
    to go on a trip, excursion
eine Radtour machen
    to go on a bike tour
eine Skitour machen to go on a ski tour

13 Where to meet

am Fluss at the river
an der Bushaltestelle at the bus-stop
unter der Brücke under the bridge
auf dem Schulhof in the playground
vor dem Kino in front of the cinema
hinter dem Bahnhof
    behind the station
in der U-Bahn-Station
    in the underground station
im Jugendklub at the Youth Club
am Schwimmbad
    at the swimming pool

14 What's on TV and radio

die Fernsehsendung TV programme
das Programm channel, the
    programme for the evening

Vocabulary by topic

die Nachrichten (pl), die Tagesschau news
die Wettervorhersage weather forecast
der Spielfilm feature film
der Dokumentarfilm documentary
die Seifenoper soap-opera
die Fernsehserie TV serial
der Trickfilm cartoon
die Quizsendung game show

die Komödie comedy
die Talkshow chat show
die Sportschau sports programme
der Krimi detective film
die Musiksendung music programme
die Unterhaltungssendung variety show
das Kinderfernsehen children's TV
die Werbung advertising
der Werbespot advert
die Radiosendung radio programme
das Hörspiel radio play
die Liveübertragung live broadcast

15 Pets and other animals

das Haustier pet
der Hund dog
die Katze cat
das Pferd horse
das Pony pony
die Schlange snake
das Kaninchen rabbit
das Meerschweinchen guinea-pig
der Hamster hamster
die Schildkröte tortoise, turtle
der Wellensittich budgerigar
der Kanarienvogel canary
der Papagei parrot
die Spinne spider
der Fisch fish

der Frosch frog
die Kröte toad
der Igel hedgehog
der Biber beaver
der Adler eagle
der Strauß ostrich
die Eule owl
die Möwe seagull
der Storch stork
der Specht woodpecker
der Schmetterling butterfly
der Käfer beetle

der Affe ape, monkey
der Bär bear
der Eisbär polar bear
der Schimpanse chimpanzee
das Nilpferd hippopotamus
der Löwe lion
der Tiger tiger
das Nashorn rhinoceros
der Elefant elephant

der Hai shark
der Wal whale
das Walross walrus

Area of Experience C

1 Places in town

die Stadtmitte town centre
die Bibliothek library
die Kathedrale cathedral
der Dom cathedral
das Schloss castle
das Theater theatre
die Disko(thek) disco(theque)
der Jugendklub youth club
das Stadion stadium
der Zoo zoo
das Sportzentrum sports centre
die Kirche church

die Touristeninformation information office
der (Haupt-)Bahnhof (main) station
der Busbahnhof bus station
das Schwimmbad, das Hallenbad swimming pool
das Freibad outdoor pool
das Krankenhaus hospital
das Rathaus town hall
das Museum museum
das Hotel hotel
die Jugendherberge youth hotel
die Universität university
das Kino cinema

die Straße street
der Platz square
der Markt(-platz) market (square)
die Autobahn motorway
die Kreuzung crossroads
die Fußgängerzone pedestrian precinct
der Park park
der Fluss river

die Brücke bridge
die (Straßen-)Ecke (street) corner
der Kreisverkehr roundabout
die Ampel (sing) traffic lights
das Denkmal monument
das Straßenschild road sign
die Telefonzelle telephone box
die Parkuhr parking meter

der Supermarkt supermarket
das Geschäft shop, business
das Kaufhaus department store
die Konditorei cake shop
die Metzgerei butcher's
das Lebensmittelgeschäft grocer's store
die Gemüsehandlung greengrocer's
die Bäckerei baker's
die Drogerie chemist's (but not for medicine)

die Apotheke chemist's, pharmacy
die (Haupt-)Post (main) post office
die Feuerwache fire station
die Polizeiwache, das Polizeirevier police station

2 When was it built?

die Brücke wurde 1963 gebaut … was built
das Sportzentrum wurde 1979 eröffnet … was opened
die Altstadt wurde 1985 saniert … was redeveloped
der Dom wurde 1946 restauriert … was restored
das Theater wurde 1996 renoviert … was renovated
das Kino wurde 1998 geschlossen … was closed down

3 How shall we get there?

mit dem Auto by car
mit dem Wagen by car
mit dem Flugzeug by plane
mit der U-Bahn by tube, by metro
mit der Straßenbahn by tram
mit dem Bus by bus
mit dem Reisebus by coach
mit der S-Bahn by S-Bahn
mit dem Zug by train
mit dem Nahverkehrszug by local train
mit dem Intercityzug by Inter-City train
zu Fuß gehen on foot
die Bushaltestelle bus-stop
die U-Bahn-Station underground station
der Parkplatz car park
das Parkhaus multi-storey car park
der Flughafen airport
die Tankstelle petrol station

4 Parts of the car

der Motor engine
der Reifen tyre
der Auspuff exhaust
die Lichter (pl) lights
die Scheinwerfer (pl) headlights
die Blinker (pl) indicators
die Scheibenwischer (pl) windscreen wipers
die Batterie battery
die Windschutzscheibe windscreen

5 Directions

die erste/zweite/nächste Straße the first/second/next road
in der Beethovenstraße in Beethovenstraße
am Marienplatz (am ~platz) at Marienplatz (at ~ square)
links (on the) left
rechts (on the) right

Vocabulary by topic

auf der rechten/linken Seite
  on the right-/left-hand side
geradeaus straight ahead

neben (+ dative) next to
gegenüber (+ dative) opposite
vor (+ dative) in front of
hinter (+ dative) behind
zwischen (+ dative) between
auf (+ dative) on
unter (+ dative) under, beneath
nicht weit von (+ dative) not far from
2 km von (+ dative) … **entfernt**
  2 km from
in der Nähe (+ genitive) near
in der Mitte (+ genitive)
  in the middle of

nördlich (+ genitive)
  (to the) north of
südlich (+ genitive)
  (to the) south of
östlich (+ genitive)
  (to the) east of
westlich (+ genitive)
  (to the) west of
südwestlich (+ genitive)
  (to the) south west of
außerhalb (+ genitive) outside (of)
am Rand (+ genitive) on the edge of

6 Weather

die Sonne sun
der Regen rain
der Wind wind
die Wolke cloud
der Sturm storm
das Gewitter thunderstorm
der Blitz lightning
der Donner thunder
der Schnee snow
der Nebel fog
der Schauer shower
der Frost frost
die Wettervorhersage weather forecast

es ist sonnig it's sunny
es ist nass it's wet
es ist kalt it's cold
es ist kühl it's cool
es ist warm it's warm
es ist windig it's windy
es ist wolkig it's cloudy
es ist trocken it's dry
es ist glatt it's icy
es ist stürmisch it's stormy
es ist neblig it's foggy
es ist herrlich it's beautiful
es blitzt there's lightning
es donnert there's thunder

regnen to rain
schneien to snow

frieren to freeze
scheinen to shine
schneien to snow

7 In the department store

im Erdgeschoss on the ground floor
im Tiefgeschoss in the basement
im ersten Obergeschoss on the first floor
die Abteilung department
Damenbekleidung ladieswear
Herrenbekleidung menswear
Geschenkartikel (pl) gifts
Glaswaren (pl) glassware
Möbel (pl) furniture
Spielwaren (pl) toys
Elektrogeräte (pl) electrical goods
Sportartikel (pl) sportswear
Schreibwaren (pl) stationery
Lederwaren (pl) leather goods
Parfümerie cosmetics
Heim- und Handwerken DIY
Haushaltswaren (pl) household
CDs und Musik CDs and music

die Kleidung clothing
der Rock skirt
die Bluse blouse
die Strumpfhose tights
die Jacke jacket
die Schuhe (pl) shoes
die Handschuhe (pl) gloves
die Socken (pl) socks
die Jeans jeans
das Kleid dress
das Hemd shirt
die Hose (sing) trousers
die Krawatte, der Schlips tie
der Mantel coat
der Pullover pullover
der Pulli jumper
das T-Shirt t-shirt

der Schmuck jewellery
das Geld money
die Geldtasche purse, wallet
das Portemonnaie purse
die Farbe colour
die Größe size

8 Presents

das Souvenir souvenir
das Geschenk present
ein Buch über/von …
  a book about/by …
ein Bild von … a picture of …
eine Kassette von … a cassette by/of …
eine Tafel Schokolade aus … a bar of chocolate from …
eine Flasche Wein aus … a bottle of wine from …
eine Postkarte aus …
  a postcard from …

teuer expensive
billig cheap
preiswert good value
geschlossen closed
geöffnet open
anprobieren to try on

9 What's it made of?

aus Wolle of wool
aus Baumwolle of cotton
aus Leder of leather
aus Seide of silk
aus Kunststoff of plastic, synthetic
aus Glas of glass
aus Holz of wood
aus Metall of metal
aus Stahl of steel
aus Aluminium of aluminium
aus Gold of gold
aus Silber of silver
aus Papier of paper

Area of Experience D

1 Professions

Lehrer/-in teacher
Polizist/-in policeman/-woman
Jurist/-in lawyer
Arzt/Ärztin doctor
Zahnarzt/Zahnärztin dentist
Tierarzt/Tierärztin vet
Journalist/-in journalist
Architekt/-in architect
Elektriker/-in electrician
Sänger/-in singer
Musiker/-in musician
Koch/Köchin cook
Taxifahrer/-in taxi-driver
Briefträger/-in postman
Maurer/-in builder
Klempner/-in plumber
Mechaniker/-in mechanic
Fotograf/-in photographer
Sekretär/-in secretary
Krankenpfleger/Krankenschwester nurse
Verkäufer/-in shop assistant
Kaufmann/Kauffrau
  businessman/businesswoman
Büroangestellte(r) office worker
Bankangestellte(r) bank clerk
Beamte(r) civil servant
Hausfrau housewife

2 Where do you work?

in einer Bank in a bank
in einem Büro in an office
in einer Fabrik in a factory
in einem Supermarkt in a supermarket
in einer Schule in a school
in einem Krankenhaus in a hospital
am Fließband on a production line

Vocabulary by topic

bei der Post for the post office
bei der Bahn for the railway
bei der Armee in the army

Area of Experience E

1 Countries

Afrika Africa
Amerika America
Australien Australia
Belgien Belgium
Dänemark Denmark
Deutschland Germany
Frankreich France
Griechenland Greece
Großbritannien Great Britain
Holland Holland
Irland Ireland
Italien Italy
Kanada Canada
die Niederlande the Netherlands
Norwegen Norway
Österreich Austria
Polen Poland
Rumänien Rumania
Russland Russia
Schottland Scotland
Schweden Sweden
die Schweiz Switzerland
die Slowakei Slovakia
Spanien Spain
die Tschechische Republik Czech Republic
die Türkei Turkey
Ungarn Hungary
die Vereinigten Staaten (pl), die USA (pl) United States

2 Nationalities

Afrikaner/Afrikanerin (afrikanisch) African
Amerikaner/Amerikanerin (amerikanisch) American
Australier/Australierin (australisch) Australian
Belgier/Belgierin (belgisch) Belgian
Däne/Dänin (dänisch) Dane (Danish)
Deutscher/Deutsche (deutsch) German
Franzose/Französin (französisch) Frenchman/-woman (French)
Grieche/Griechin (griechisch) Greek
Brite/Britin (britisch) Briton (British)
Holländer/Holländerin (holländisch) Dutchman/-woman (Dutch)
Ire/Irin (irisch) Irishman/-woman (Irish)
Italiener/Italienerin (italienisch) Italian
Kanadier/Kanadierin (kanadisch) Canadian
Norweger/Norwegerin (norwegisch) Norwegian
Österreicher/Österreicherin (österreichisch) Austrian
Pole/Polin (polnisch) Pole (Polish)
Russe/Russin (russisch) Russian
Schotte/Schottin (schottisch) Scot(tish)
Schwede/Schwedin (schwedisch) Swede (Swedish)
Schweizer/Schweizerin (schweizerisch) Swiss
Spanier/Spanierin (spanisch) Spaniard (Spanish)
Türke/Türkin (türkisch) Turk(ish)

3 Currencies

D-Mark DM 9,50
Pfund Sterling £12.75
österreichischer Schilling öS 25,-
Schweizer Franken sFr 17,20
französische Francs FF 12,-
Euro € 14,40

4 Cities and geographical place names

der Schwarzwald Black Forest
der Bodensee Lake Constance
Norddeutschland North Germany
Südwestdeutschland South West Germany
Nordwest- North West …
Südost- South East …
der Norden north
der Süden south
der Osten east
der Westen west
die Ostseeküste the Baltic coast
die Alpen the Alps
das Rheinland the Rhine area

die Bundesländer Federal States
Baden-Württemberg Baden-Württemberg
Bayern Bavaria
Berlin Berlin
Brandenburg Brandenburg
Bremen Bremen
Hamburg Hamburg
Hessen Hessen
Mecklenburg-Vorpommern Mecklenburg-West Pomerania
Niedersachsen Lower Saxony
Nordrhein-Westfalen North Rhine-Westphalia
Rheinland-Pfalz Rhineland-Palatinate
Saarland Saarland
Sachsen Saxony
Sachsen-Anhalt Saxony-Anhalt
Schleswig-Holstein Schleswig-Holstein
Thüringen Thuringia

Köln Cologne
München Munich
Wien Vienna
Venedig Venice
Athen Athens
Genf Geneva
Mailand Milan
Lissabon Lisbon
Moskau Moscow
Rom Rome

die Nordsee North Sea
die Ostsee Baltic
die Donau Danube
der Rhein Rhine
die Mosel Moselle
die Themse Thames

5 Accommodation

das Hotel hotel
die Pension bed and breakfast
das Zimmer room
das Doppelzimmer double room
das Einzelzimmer single room
mit Vollpension with full board
mit Halbpension with half board
mit Dusche with a shower
mit Bad with a bath
mit Balkon with a balcony
die Jugendherberge youth hostel
der Campingplatz campsite
das Gasthaus guesthouse
der Wohnwagen caravan
das Wohnmobil camper van, mobile home
das Zelt tent

6 What to take on holiday

die Reisetasche holdall
der Koffer suitcase
die Brieftasche wallet
die Handtasche handbag
die Aktentasche briefcase, attaché case
die Sporttasche sports bag
der Rucksack rucksack
der Pass passport
der Personalausweis personal ID
der Führerschein driving licence
die Fahrkarte ticket
das (Flug-)Ticket (airline) ticket
der Schlüssel key
die Landkarte map
der Fotoapparat camera
der Farbfilm colour film
der Schwarzweißfilm black and white film
der Camcorder camcorder
das Handy mobile telephone
der Walkman walkman
die Kassette cassette
die CD CD

English–German wordlist

abbey das Kloster
advert der Werbespot
advertising die Werbung
Africa Afrika
African Afrikaner/Afrikanerin
airport der Flughafen
allergic allergisch
almost fast
alone allein
Alps die Alpen
already schon
aluminium Aluminium
always immer
ambitious geizig
America Amerika
American Amerikaner/Amerikanerin
angry böse
ape, monkey der Affe
apple der Apfel
apple-juice der Apfelsaft
approximately ungefähr
apricot die Aprikose
architect Architekt/-in
arm der Arm
armchair der Sessel
army die Armee
art, painting die Kunst
arts die Geisteswissenschaften (pl)
Ash Wednesday Aschermittwoch
assembly hall die Aula
astronomy die Astronomie
Athens Athen
athletics Leichtathletik
attic der Dachboden
aunt die Tante
Australia Australien
Australian Australier/Australierin
Austria Österreich
Austrian Österreicher/Österreicherin
autumn der Herbst
average der Durchschnitt

baby das Baby
babysit babysitten
back der Rücken
badminton Badminton
bag die Tüte, die Tasche
baker's die Bäckerei
balcony der Balkon
bald head die Glatze
ballpoint pen der Kugelschreiber
Baltic die Ostsee
banana die Banane
bank die Bank
bank clerk Bankangestellte(r)
bar of chocolate eine Tafel Schokolade
bark bellen
basement das Tiefgeschoss
basketball Basketball
bath das Bad
bathroom das Badezimmer
battery die Batterie
Bavaria Bayern
bean die Bohne
bear der Bär
beard der Bart
beautiful schön

beaver der Biber
bed das Bett
bed and breakfast die Pension
bedroom das Schlafzimmer
beef das Rindfleisch
beer das Bier
beetle der Käfer
behind hinter
Belgian Belgier/Belgierin
Belgium Belgien
between zwischen
big groß
bill die Rechnung
biology Biologie
biro der Kuli
biscuits die Kekse (pl)
black schwarz
black and white film der Schwarzweißfilm
Black Forest der Schwarzwald
Black Forest gateau die Schwarzwälder Kirschtorte
black-/whiteboard die Tafel
blond blond
blouse die Bluse
blue blau
board and lodging Kost und Logis
board-game das Gesellschaftsspiel
book about/by … ein Buch über/von …
border, frontier die Grenze
boring langweilig
bottle eine Flasche
box eine Schachtel
bra der BH, der Büstenhalter
brake bremsen
brakes die Bremsen
brave mutig
bread das Brot
bread roll das Brötchen
break one's leg sich das Bein brechen
breakfast das Frühstück
bricklayer Maurer/-in
bridge die Brücke
briefcase, attaché case die Aktentasche, die Mappe
Briton Brite/Britin
broken kaputt
brother der Bruder
brother-in-law der Schwager
brothers and sisters die Geschwister
brown braun
Brussels sprouts der Rosenkohl (sing)
budgerigar der Wellensittich
build bauen
builder Maurer/-in
bungalow der Bungalow
burn one's finger sich den Finger verbrennen
bus der Bus
bus station der Busbahnhof
businessman/-woman Kaufmann/Kauffrau
bus-stop die Bushaltestelle
butcher's die Metzgerei
butter die Butter
butterfly der Schmetterling

cabbage der Kohl
cake der Kuchen
cake shop die Konditorei

calculator der Taschenrechner
camcorder der Camcorder, die Videokamera
camera der Fotoapparat
camper van, mobile home das Wohnmobil
campsite der Campingplatz
Canada Kanada
Canadian Kanadier/Kanadierin
canary der Kanarienvogel
canteen, cafeteria die Kantine
car das Auto, der Wagen
car park der Parkplatz
caravan der Wohnwagen
carpet der Teppich(-boden)
carrot die Karotte, die Möhre
cartoon der Trickfilm
cassette die Kassette
cassette recorder der Kassettenrekorder
castle das Schloss
cat die Katze
cathedral die Kathedrale, der Dom
cauliflower der Blumenkohl
cause die Ursache
CD die CD
cellar der Keller
cemetery, graveyard der Friedhof
central heating die Zentralheizung
certainly sicher
chair der Stuhl
channel, programme for the evening das Programm
chat show die Talkshow
cheap billig
cheese der Käse
chemistry Chemie
chemist's die Apotheke
cherry die Kirsche
chest-of-drawers die Kommode
chewing-gum der Kaugummi
chicken das Hähnchen
child(-ren) das Kind(-er)
children's TV das Kinderfernsehen
chimpanzee der Schimpanse
chips die Pommes (frites)
chocolate die Schokolade
chocolate gateau die Schokoladentorte
chocolates die Pralinen (pl)
choice die Auswahl
choir der Chor
(at/for) Christmas (zu) Weihnachten
Christmas Eve Heiligabend
church die Kirche
cinema das Kino
civil servant der Beamte/die Beamtin
class die Klasse
classroom das Klassenzimmer
clean the bathroom das Badezimmer sauber machen
clean the windows die Fenster putzen
climb klettern
clock die Uhr
close down schließen
closed geschlossen
clothing die Kleidung
cloud die Wolke
cloudy wolkig
coach der Reisebus
coal die Kohle

English–German wordlist

coat der Mantel
coca-cola die Cola
coffee der Kaffee
cold Schnupfen
cold kalt
collect sammeln
collide zusammenstoßen
Cologne Köln
colour die Farbe
colour film der Farbfilm
colourful, multi-coloured bunt
comedy die Komödie
compare vergleichen
complaint die Beschwerde
comprehensive school die Gesamtschule
computer game das Computerspiel
content, satisfied zufrieden
cook Koch/Köchin
cooker der Herd
cool kühl
corkscrew der Korkenzieher
cosmetics Parfümerie
cosy, comfy gemütlich
cotton die Baumwolle
cousin der Vetter, die Kusine
cow die Kuh
craft and design Werken
cream die Sahne
credit card die Kreditkarte
crisps die Chips (pl)
crockery das Geschirr
crossroads die Kreuzung
cruel grausam
cucumber die Gurke
cup eine Tasse
curry sausage die Currywurst
curtains die Vorhänge (pl)
customs der Zoll
cut one's hand sich in die Hand schneiden
cycling Rad fahren
Czech Republic die Tschechische Republik

daft, silly doof
daily täglich
damp feucht
Dane Däne/Dänin
Danube die Donau
dark red dunkelrot
date die Dattel
daughter die Tochter
day after tomorrow übermorgen
day before yesterday vorgestern
day room, activities room der Aufenthaltsraum
Denmark Dänemark
dentist Zahnarzt/Zahnärztin
department die Abteilung
department store das Kaufhaus
depressed deprimiert
dessert der Nachtisch, die Nachspeise
detached house das Einfamilienhaus
detective film der Krimi
diarrhoea Durchfall
dictionary das Wörterbuch
difficult schwierig
dining room das Esszimmer
dirty, filthy dreckig
disappointed enttäuscht
disco(theque) die Disko(thek)
dishwasher der Geschirrspülautomat
dishonest unehrlich
dislocate one's shoulder sich die Schulter verrenken
diversion die Umleitung

divorced geschieden
DIY Heim- und Handwerken
do pottery töpfern
doctor Arzt/Ärztin
documentary der Dokumentarfilm
dog der Hund
doner kebab der Dönerkebab
door die Tür
dormitory der Schlafraum
double bass der Kontrabass
double room das Doppelzimmer
downstairs unten
drama Drama
draw zeichnen
drawing das Zeichnen
dress das Kleid
drink das Getränk
drinks list die Getränkekarte
driving licence der Führerschein
drugstore die Drogerie
dry trocken
dry the dishes abtrocknen
Dutchman/-woman Holländer/Holländerin

eagle der Adler
ear(s) das Ohr (die Ohren)
earn verdienen
east der Osten
east of östlich (+ genitive)
(at/for) Easter (zu) Ostern
economics die Wirtschaftskunde
egg das Ei
electrical goods Elektrogeräte (pl)
electrician Elektriker/-in
elephant der Elefant
engine der Motor
English Englisch
entrance der Eingang
environment die Umwelt
especially besonders
etc. usw. (und so weiter)
evening meal das Abendessen, das Abendbrot
every day jeden Tag
examination die Prüfung
excursion der Ausflug
exercise book das Heft
exhaust der Auspuff
expensive teuer
experience das Erlebnis
eye(s) das Auge (die Augen)

factory die Fabrik
fairly ziemlich
family die Familie
fashionable modisch
fast food das Fastfood
fat dick
father der Vater
father-in-law der Schwiegervater
favourite subject(s) das Lieblingsfach (die Lieblingsfächer)
feature film der Spielfilm
Federal States die Bundesländer (pl)
ferry die Fähre
fig die Feige
file, ring-binder der Ordner
fill up with petrol volltanken
finally endlich
finger der Finger
fire station die Feuerwache
fish der Fisch
fitness centre, gym das Fitnesscenter
flan, tart die Torte

flat die Wohnung
flour das Mehl
flu die Grippe
flute die Flöte
fog der Nebel
foggy neblig
folder, briefcase die Mappe
foot der Fuß
football Fußball
forget vergessen
form das Formular
France Frankreich
Frankfurter sausage die Bockwurst
freeze frieren
freezer der Gefrierschrank
French Französisch
Frenchman/-woman Franzose/Französin
Friday Freitag
fridge der Kühlschrank
fried egg das Spiegelei
fried sausage die Bratwurst
friendly freundlich
frog der Frosch
frost der Frost
fruit das Obst
full board die Vollpension
funny lustig
furniture Möbel (pl)

game show die Quizsendung
garage die Garage
garden der Garten
garlic der Knoblauch
generous großzügig
Geneva Genf
geography Erdkunde, Geographie
German der Deutsche/die Deutsche
Germany Deutschland
get on with s.o. sich verstehen mit jemandem
gifts Geschenkartikel (pl)
glass Glas
glasses die Brille (pl)
glassware Glaswaren (pl)
gloves die Handschuhe (pl)
go bowling kegeln gehen
go dancing tanzen gehen
go fishing angeln gehen
go on a bike tour eine Radtour machen
go on a hike eine Wanderung machen
go on a ski tour eine Skitour machen
go on a trip, excursion einen Ausflug machen
go to a concert in ein Konzert gehen
go to a party auf eine Party gehen
go to an exhibition in eine Ausstellung gehen
go to the cinema ins Kino gehen
go to the circus in den Zirkus gehen
go to the disco in die Disko gehen
go to the football match zum Fußballspiel gehen
go to the theatre ins Theater gehen
go to the youth club in den Jugendklub gehen
go to the zoo in den Zoo gehen
gold Gold
golf Golf
golf course der Golfplatz
good value preiswert
grammar school das Gymnasium
grandchildren die Enkelkinder (pl)
granddaughter die Enkelin
grandma/grandmother die Oma/Omi/Großmutter
grandpa/grandfather der Opa/Opi/Großvater
grandparents die Großeltern (pl)

English–German wordlist

grandson der Enkel
grape die Traube
grapefuit die Pampelmuse
grass das Gras
Great Britain Großbritannien
Greece Griechenland
Greek Grieche/Griechin
green grün
greengrocer's die Gemüsehandlung
grey grau
grocer's store das Lebensmittelgeschäft
guesthouse das Gasthaus
guinea-pig das Meerschweinchen
gymnasium die Turnhalle
gymnastics Turnen

hairdryer der Fön
half a kilo of ... ein halbes Kilo ...
half a litre of ... ein halber Liter ...
half board die Halbpension
ham der Schinken
hamster der Hamster
hand die Hand
handbag die Handtasche
handball Handball
handsome schön
happy glücklich
hardworking fleißig
hat der Hut
head der Kopf
headache Kopfschmerzen (pl)
headlights die Scheinwerfer (pl)
health die Gesundheit
healthy gesund
hedgehog der Igel
helpful hilfsbereit
hike die Wanderung
hippopotamus das Nilpferd
history Geschichte
hitch-hike per Anhalter fahren
hockey Hockey
holdall die Reisetasche
Holland Holland
homeless heimatlos
homework die Hausaufgabe
honest ehrlich
horse das Pferd
hospital das Krankenhaus
hotel das Hotel
house das Haus
household goods Haushaltswaren
housewife die Hausfrau
Hungary Ungarn
hungry hungrig
hurt one's head sich am Kopf verletzen
husband der Mann

ice cream das Eis
ice-skating Schlittschuhlaufen
icy glatt
ill krank
impatient ungeduldig
impolite, rude unhöflich
important wichtig
impossible unmöglich
in front of vor
in the evening(s) abends
in the middle of in der Mitte (+ genitive)
in the morning(s) vormittags
independent unabhängig
indicators die Blinker (pl)
indigestion die Magenverstimmung
indoor swimming pool das Hallenbad
industrial area das Industriegebiet
information office die Touristeninformation

information technology Informatik
inhabitant der Einwohner
injured verletzt
insurance die Versicherung
intend, plan vorhaben
Inter-City train der Intercityzug
interesting interessant
invitation die Einladung
invite einladen
Ireland Irland
Irishman/-woman Ire/Irin
iron clothes Kleider bügeln
irresponsible verantwortungslos
island die Insel
Italian italienisch
Italian Italiener/Italienerin
Italy Italien

jacket die Jacke
jam die Marmelade
jar, glass of ... ein Glas ...
jealous eifersüchtig
jeans die Jeans
jewellery der Schmuck
jog joggen
journalist Journalist/-in
jumper der Pulli

key der Schlüssel
kilo of ... ein Kilo (1 kg) ...
kitchen die Küche
knee das Knie
knickers, pants der Slip

ladieswear Damenbekleidung
Lake Constance der Bodensee
lamb das Lammfleisch
lamp, light die Lampe
Latin Latein
lawn der Rasen
lawyer Jurist/-in
laze about faulenzen
lazy faul
leather Leder
leather goods Lederwaren (pl)
leek der Lauch
left links
leg das Bein
lemon die Zitrone
lemonade die Limo(nade)
lesson, teaching der Unterricht
lettuce der Salat
library die Bibliothek
lift der Lift, der Fahrstuhl
light blue hellblau
lightning der Blitz
lights die Lichter (pl)
lilac lila
lion der Löwe
litre of ... ein Liter ...
live broadcast die Liveübertragung
living room das Wohnzimmer
local train der Nahverkehrszug
lonely einsam
lorry der LKW (Lastkraftwagen)
lunch das Mittagessen

mad, crazy ausgeflippt
main course das Hauptgericht, der Hauptgang
make the beds die Betten machen
map die Landkarte
market (square) der Markt(platz)
married verheiratet
maths Mathe(matik)
mechanic Mechaniker/-in

medieval mittelalterlich
Mediterranean das Mittelmeer
melon die Melone
menswear Herrenbekleidung
menu die Speisekarte
metal das Metall
Milan Mailand
milk die Milch
mineral water das Mineralwasser
mobile telephone das Handy
Monday Montag
money das Geld
monument das Denkmal
Moscow Moskau
Moselle die Mosel
mostly, usually meistens
mother die Mutter
mother-in-law die Schwiegermutter
motorway die Autobahn
mountain der Berg
moustache der Schnurrbart
mouth der Mund
multi-storey car park das Parkhaus
Munich München
museum das Museum
mushroom der Champignon, der Pilz
music Musik
music programme die Musiksendung
musician Musiker/-in
mustard der Senf

natural sciences die Naturwissenschaften
near in der Nähe (+ genitive)
necessary notwendig
neck der Hals
neighbour Nachbar/-in
nephew der Neffe
Netherlands die Niederlande (pl)
never nie
New Year's Eve Silvester
news die Nachrichten (pl), die Tagesschau
next to neben
nice sympathisch, nett
niece die Nichte
nightmare der Alptraum
noisy laut
non-alcoholic alkoholfrei
noodles die Nudeln (pl)
north der Norden
North Germany Norddeutschland
north of nördlich (+ genitive)
North Sea die Nordsee
Norway Norwegen
Norwegian Norweger/Norwegerin
nose die Nase
not far from nicht weit von (+ dative)
nothing nichts
novel der Roman
now and again ab und zu
nurse Krankenpfleger/Krankenschwester

occasionally gelegentlich
ocean der Ozean
October Oktober
offer das Angebot
office das Büro
office worker Büroangestellte(r)
often oft
oil das Öl
old people's home das Altersheim, das Seniorenheim
on foot zu Fuß gehen
on Saturday(s) samstags
on the edge of am Rand (+ genitive)
on the first floor im ersten Stock/Obergeschoss

English–German wordlist

on the ground floor im Erdgeschoss
on the right-/left-hand side auf der rechten/linken Seite
onion die Zwiebel
only nur
only child das Einzelkind
open geöffnet
open (er)öffnen
open, outgoing aufgeschlossen
opportunity die Gelegenheit
opposite gegenüber (+ dative)
optimistic optimistisch
orange die Apfelsine, die Orange
orange juice der Orangensaft
organ die Orgel
ostrich der Strauß
outdoor swimming pool das Freibad
outrageous unverschämt
outside (of) außerhalb (+ genitive)
overweight übergewichtig
owl die Eule

packet of … eine Packung …
page, side die Seite
paint malen
pale blass
paper das Papier
parents die Eltern
park der Park
parking meter die Parkuhr
parrot der Papagei
passport der Pass
patient geduldig
peach der Pfirsich
pear die Birne
peas die Erbsen (pl)
pedestrian precinct die Fußgängerzone
pen der Stift
pencil der Bleistift
pepper der Pfeffer
perhaps vielleicht, eventuell
personal ID der Personalausweis
pessimistic pessimistisch
pet das Haustier
petrol das Benzin
petrol pump die Zapfsäule
petrol station die Tankstelle
photographer Fotograf/-in
physics Physik
piano das Klavier
picture, photo das Bild
piece, bit das Stück
pineapple die Ananas
pink rosa
pizza die Pizza
plane das Flugzeug
plastic, synthetic Kunststoff
play a musical instrument ein Musikinstrument spielen
play cards Karten spielen
play chess Schach spielen
play in an orchestra im Orchester spielen
playground der Schulhof
playing field der Sportplatz
plum die Pflaume
plumber Klempner/-in
Poland Polen
polar bear der Eisbär
Pole Pole/Polin
police station die Polizeiwache
policeman/-woman Polizist/-in
pony das Pony
poor arm
pork das Schweinefleisch
possibly, perhaps eventuell

post office die Post
postcard eine Postkarte
postman Briefträger/-in
pot, beaker der Becher
pot, jug das Kännchen
potato die Kartoffel
potato salad der Kartoffelsalat
prepare vorbereiten, zubereiten
present das Geschenk
pretty hübsch
primary school die Grundschule
probably wahrscheinlich
promise versprechen
proud stolz
public holiday der Feiertag
pullover der Pullover
punctual, punctually pünktlich
purse das Portemonnaie, die Geldtasche

queue Schlange stehen
quiet ruhig

rabbit das Kaninchen
radio play das Hörspiel
radio programme die Radiosendung
railway station der Bahnhof
rain der Regen
rain regnen
rarely, seldom selten
read lesen
reason der Grund
recommend empfehlen
redevelop sanieren
referee der Schiedsrichter
refreshing, relaxing erholsam
reliable zuverlässig
religion Religion
removal der Umzug
renovate renovieren
rent die Miete
rent mieten
report der Bericht
responsible verantwortungsbewusst
restore restaurieren
Rhine der Rhein
rhinoceros das Nashorn
rice der Reis
ride reiten
right rechts
river der Fluss
road sign das Straßenschild
rollerblading Inline-Skating
roller-skating das Rollschuhfahren
Rome Rom
room das Zimmer
roundabout der Kreisverkehr; das Karussell
rubber der Radierer, der Radiergummi
rucksack der Rucksack
rugby Rugby
ruler das Lineal
Rumania Rumänien
Russia Russland
Russian Russe/Russin

sad traurig
sail segeln
salad, lettuce der Salat
salt das Salz
same age gleichaltrig
Saturday Sonnabend, Samstag
sausage das Würstchen
S-Bahn die S-Bahn
school die Schule
school bag die Schultasche
school office das Sekretariat

school-leaving exam das Abitur
Scot Schotte/Schottin
Scotland Schottland
seagull die Möwe
seasick seekrank
secretary Sekretär/-in
self-assured selbstsicher
selfish egoistisch
sell verkaufen
sensitive sensibel
separated getrennt
set meal (of the day) das Menü (Tagesmenü)
set the table den Tisch decken
shark der Hai
shaven rasiert
shelf, bookcase das Regal
shine scheinen
ship das Schiff
shirt das Hemd
shoes die Schuhe
shop assistant Verkäufer/-in
shop, business das Geschäft
shopping spree der Einkaufsbummel
shower die Dusche
shower (rain) der Schauer
Shrovetide Fasching, Karneval
shy schüchtern
side die Seite
sign unterschreiben
signature die Unterschrift
silk die Seide
silly doof
silver Silber
similar ähnlich
singer Sänger/-in
single ledig, unverheiratet
single room das Einzelzimmer
sister die Schwester
sister-in-law die Schwägerin
size die Größe
ski resort das Skigebiet
skiing Skilaufen
skirt der Rock
slice of … eine Scheibe …
sliced meat, sausage der Aufschnitt, die Wurst
slim schlank
Slovakia die Slowakei
small ad die Anzeige
small, short klein
smart, elegant schick
snake die Schlange
snow der Schnee
snow schneien
soap die Seife
soap opera die Seifenoper
society die Gesellschaft
socks die Socken
soda water der Sprudel
sofa das Sofa
sofa bed das Sofabett
some, a few einige
something etwas
sometimes manchmal
son der Sohn
sore throat Halsschmerzen
soup, broth die Suppe, der Eintopf
south der Süden
south of südlich (+ genitive)
South West Germany Südwestdeutschland
south west of südwestlich (+ genitive)
souvenir das Souvenir
spaghetti, pasta die Spaghetti (pl), die Pasta
Spain Spanien
Spaniard Spanier/Spanierin
Spanish spanisch

English–German wordlist

speed die Geschwindigkeit
spend time verbringen
spider die Spinne
sport der Sport, die Sportart
sports bag die Sporttasche
sports centre das Sportzentrum
sports ground, playing field der Sportplatz
sports hall die Sporthalle
sports programme die Sportschau
sportswear Sportartikel (pl)
sporty sportlich
spring der Frühling
square der Platz
squash Squash
stadium das Stadion
staffroom das Lehrerzimmer
staircase, landing das Treppenhaus
stairs die Treppe
starter, first course die Vorspeise
stationery Schreibwaren (pl)
steal, pinch klauen
steel der Stahl
stepbrother der Stiefbruder
stepfather der Stiefvater
stepmother die Stiefmutter
stepsister die Stiefschwester
stick kleben
stomach, belly der Magen, der Bauch
stomachache Bauchschmerzen (pl)
stork der Storch
storm der Sturm
stormy stürmisch
straight ahead geradeaus
straightaway sofort
strawberry die Erdbeere
street die Straße
street corner die (Straßen-)Ecke
strict streng
stupid dumm
subject(s) das Fach (die Fächer)
successful erfolgreich
sugar der Zucker
suitcase der Koffer
summer der Sommer
sun die Sonne
Sunday Sonntag
sunny sonnig
supermarket der Supermarkt
survey die Umfrage
swallow schlucken
Swede Schwede/Schwedin
Sweden Schweden
sweep the floor den Boden kehren
sweets die Bonbons (pl)
swim schwimmen
swimming pool das Hallenbad, das Schwimmbad
Swiss Schweizer/Schweizerin
Switzerland die Schweiz

table der Tisch
table-tennis Tischtennis
tall groß
tax die Steuer
taxi driver Taxifahrer/-in
tea der Tee
teacher Lehrer/-in
technology Technik
teeth die Zähne (pl)
telephone das Telefon
telephone box die Telefonzelle
television der Fernseher
tell, relate erzählen
temperature, fever das Fieber
tennis Tennis

tennis court der Tennisplatz
tent das Zelt
terraced house das Reihenhaus
textbook das Schulbuch
Thames die Themse
theatre das Theater
thin dünn
thirsty durstig
this afternoon heute Nachmittag
this evening heute Abend
this morning heute Morgen, heute Vormittag
thunder and lightning donnern und blitzen
thunderstorm das Gewitter
Thursday Donnerstag
ticket die Fahrkarte, das (Flug-)Ticket
tidy the bedroom das Schlafzimmer aufräumen
tie die Krawatte, der Schlips
tiger der Tiger
tights die Strumpfhose
tin, can die Dose
tip das Trinkgeld
tired müde
toad die Kröte
today heute
together zusammen
toilet die Toilette
tomato die Tomate
tomorrow morgen
tomorrow afternoon morgen Nachmittag
tomorrow evening morgen Abend
tomorrow morning morgen früh, morgen Vormittag
toothache Zahnschmerzen (pl)
toothbrush die Zahnbürste
tortoise, turtle die Schildkröte
towel das Handtuch
tower der Turm
town centre die Stadtmitte
town hall das Rathaus
toys die Spielwaren (pl)
track suit der Trainingsanzug
traffic der Verkehr
traffic accident der Verkehrsunfall
traffic lights die Ampel (sing)
train der Zug
training college die Berufsschule
tram die Straßenbahn
trombone die Posaune
trousers die Hose
trumpet die Trompete
try versuchen
try on anprobieren
t-shirt das T-Shirt
tube die Tube
tube, metro die U-Bahn
Tuesday Dienstag
Turk Türke/Türkin
turkey der Truthahn, die Pute
Turkey die Türkei
turquoise türkis
TV programme die Fernsehsendung
TV serial die Fernsehserie
twins die Zwillinge (pl)
tyre der Reifen

ugly hässlich
umbrella der Regenschirm
unbearable unerträglich
uncle der Onkel
under, beneath unter
underground station die U-Bahn-Station
unemployment die Arbeitslosigkeit
unexpected unerwartet
unfortunately leider

unfriendly unfreundlich
unhappy unglücklich
United States die Vereinigten Staaten, die USA
university die Universität
unreliable unzuverlässig
until bis
upstairs oben
useful nützlich
useless nutzlos

vacuum Staub saugen
valid gültig
variety show die Unterhaltungssendung
vegetarian Vegetarier/-in
vending machine der Automat
Venice Venedig
vet Tierarzt/Tierärztin
Vienna Wien
view die Aussicht
vinegar der Essig
violet violett
violin die Geige
vitamin das Vitamin
volleyball Volleyball

walkman der Walkman
wallet die Brieftasche
wallpaper die Tapete
walrus das Walross
wardrobe der Kleiderschrank
warm warm
wash the car das Auto waschen
wash the dishes abspülen
wash up den Abwasch machen
washing machine die Waschmaschine
wealthy reich
weather forecast die Wettervorhersage
Wednesday Mittwoch
well-balanced, easy-going ausgeglichen
west der Westen
west of westlich (+ genitive)
wet nass
whale der Wal
white weiß
(at) Whitsuntide (zu) Pfingsten
widowed verwitwet
wife die Frau
wind der Wind
window das Fenster
windscreen die Windschutzscheibe
windscreen wipers die Scheibenwischer (pl)
windsurf surfen
windy windig
wine der Wein
winter der Winter
without ohne
wood das Holz, der Wald
woodpecker der Specht
wool die Wolle
wrong falsch

X-ray die Röntgenaufnahme

Year 9/10/11 die neunte/zehnte/elfte Klasse
yellow gelb
yesterday gestern
yesterday afternoon gestern Nachmittag
yesterday evening gestern Abend
yesterday morning gestern Morgen, gestern Vormittag
yoghurt der Joghurt
youth club der Jugendklub
youth hostel die Jugendherberge

zoo der Zoo